AUTISMO
Construções e desconstruções

Coleção Clínica Psicanalítica
Títulos publicados

1. **Perversão**
   Flávio Carvalho Ferraz

2. **Psicossomática**
   Rubens Marcelo Volich

3. **Emergências Psiquiátricas**
   Alexandra Sterian

4. **Borderline**
   Mauro Hegenberg

5. **Depressão**
   Daniel Delouya

6. **Paranoia**
   Renata Udler Cromberg

7. **Psicopatia**
   Sidney Kiyoshi Shine

8. **Problemáticas da Identidade Sexual**
   José Carlos Garcia

9. **Anomia**
   Marilucia Melo Meireles

10. **Distúrbios do Sono**
    Nayra Cesaro Penha Ganhito

11. **Neurose Traumática**
    Myriam Uchitel

12. **Autismo**
    Ana Elizabeth Cavalcanti
    Paulina Schmidtbauer Rocha

13. **Esquizofrenia**
    Alexandra Sterian

14. **Morte**
    Maria Elisa Pessoa Labaki

15. **Cena Incestuosa**
    Renata Udler Cromberg

16. **Fobia**
    Aline Camargo Gurfinkel

17. **Estresse**
    Maria Auxiliadora de A. C. Arantes
    Maria José Femenias Vieira

18. **Normopatia**
    Flávio Carvalho Ferraz

19. **Hipocondria**
    Rubens Marcelo Volich

20. **Epistemopatia**
    Daniel Delouya

21. **Tatuagem e Marcas Corporais**
    Ana Costa

22. **Corpo**
    Maria Helena Fernandes

23. **Adoção**
    Gina Khafif Levinzon

24. **Transtornos da Excreção**
    Marcia Porto Ferreira

25. **Psicoterapia Breve**
    Mauro Hegenberg

26. **Infertilidade e Reprodução Assistida**
    Marina Ribeiro

27. **Histeria**
    Silvia Leonor Alonso
    Mario Pablo Fuks

28. **Ressentimento**
    Maria Rita Kehl

29. **Demências**
    Delia Catullo Goldfarb

30. **Violência**
    Maria Laurinda Ribeiro de Souza

31. **Clínica da Exclusão**
    Maria Cristina Poli

32. **Disfunções Sexuais**
    Cassandra Pereira França

33. **Tempo e Ato na Perversão**
Flávio Carvalho Ferraz

34. **Transtornos Alimentares**
Maria Helena Fernandes

35. **Psicoterapia de Casal**
Purificacion Barcia Gomes
Ieda Porchat

36. **Consultas Terapêuticas**
Maria Ivone Accioly Lins

37. **Neurose Obsessiva**
Rubia Delorenzo

38. **Adolescência**
Tiago Corbisier Matheus

39. **Complexo de Édipo**
Nora B. Susmanscky de Miguelez

40. **Trama do Olhar**
Edilene Freire de Queiroz

41. **Desafios para a Técnica Psicanalítica**
José Carlos Garcia

42. **Linguagens e Pensamento**
Nelson da Silva Junior

43. **Término de Análise**
Yeda Alcide Saigh

44. **Problemas de Linguagem**
Maria Laura Wey Märtz

45. **Desamparo**
Lucianne Sant'Anna de Menezes

46. **Transexualidades**
Paulo Roberto Ceccarelli

47. **Narcisismo e Vínculos**
Lucía Barbero Fuks

48. **Psicanálise da Família**
Belinda Mandelbaum

49. **Clínica do Trabalho**
Soraya Rodrigues Martins

50. **Transtornos de Pânico**
Luciana Oliveira dos Santos

51. **Escritos Metapsicológicos e Clínicos**
Ana Maria Sigal

52. **Famílias Monoparentais**
Lisette Weissmann

53. **Neurose e Não Neurose**
Marion Minerbo

54. **Amor e Fidelidade**
Gisela Haddad

55. **Acontecimento e Linguagem**
Alcimar Alves de Souza Lima

56. **Imitação**
Paulo de Carvalho Ribeiro e colaboradores

57. **O tempo, a escuta, o feminino**
Silvia Leonor Alonso

58. **Crise Pseudoepiléptica**
Berta Hoffmann Azevedo

59. **Violência e Masculinidade**
Susana Muszkat

60. **Entrevistas Preliminares em Psicanálise**
Fernando Rocha

61. **Ensaios Psicanalíticos**
Flávio Carvalho Ferraz

62. **Adicções**
Decio Gurfinkel

63. **Incestualidade**
Sonia Thorstensen

64. **Saúde do Trabalhador**
Carla Júlia Segre Faiman

65. **Transferência e Contratransferência**
Marion Minerbo

66. Idealcoolismo
Antonio Alves Xavier
Emir Tomazelli

67. Tortura
Maria Auxiliadora de Almeida Cunha
Arantes

68. Ecos da Clínica
Isabel Mainetti de Vilutis

69. Pós-Análise
Yeda Alcide Saigh

70. Clínica do Continente
Beatriz Chacur Mano

71. Inconsciente Social
Carla Penna

72. Psicanálise e Música
Maria de Fátima Vicente

73. Autorização e Angústia de Influência em Winnicott
Wilson Franco

74. Trabalho do Negativo
Vera Lamanno-Adamo

75. Crítica à Normalização da Psicanálise
Mara Caffé

76. Sintoma
Maria Cristina Ocariz

77. Cidade e Subjetividade
Flávio Carvalho Ferraz

78. Psicologia Hospitalar e Psicanálise
Alfredo Simonetti

79. Fairbairn
Teo Weingrill Araujo

80. Orientação Profissional
Maria Stella Sampaio Leite

© 2012 Casapsi Livraria e Editora Ltda.
É proibida a reprodução total ou parcial desta publicação, para qualquer finalidade,
sem autorização por escrito dos editores.

3ª Edição	*2007*
4ª Reimpressão	*2015*
Editor	*Ingo Bernd Güntert*
Gerente Editorial	*Fabio Alves Melo*
Coordenadora Editorial	*Marcela Roncalli*
Assistente Editorial	*Cíntia de Paula*
Diagramação	*Everton Alexandre Cabral*
Adaptação Ortográfica	*Flavia Okumura Bortolon*
Projeto Gráfico da Capa	*Yvoty Macambira*

Dados Internacionais de Catalogação na Publicação (CIP)
Angélica Ilacqua CRB-8/7057

Cavalcanti, Ana Elizabeth
  Autismo : construções e desconstruções / Ana Elizabeth
Cavalcanti, Paulina Schmidtbauer Rocha. - São Paulo : Casa
do Psicólogo, 2015. - (Coleção clínica psicanalítica / dirigida
por Flávio Carvalho Ferraz).

4ª reimpr. da 3ª ed. de 2007.
ISBN 978-85-7396-553-7

1. Autismo 2. Crianças autistas 3. Psicanálise 4. Psiquiatria
I. Título II. Rocha, Paulina Schmidtbauer III. Ferraz, Flávio
Carvalho IV. Série

13-0572   CDD 616.8982

Índices para catálogo sistemático:
1. Autismo : psicanálise

Impresso no Brasil
Printed in Brazil

*As opiniões expressas neste livro, bem como seu conteúdo, são de responsabilidade de seus autores,
não necessariamente correspondendo ao ponto de vista da editora.*

Reservados todos os direitos de publicação em língua portuguesa à

Casapsi Livraria e Editora Ltda.
Avenida Francisco Matarazzo, 1500 - Conjunto 51
Edifício New York - Centro Empresarial Água Branca
Barra Funda - São Paulo/SP - CEP 05001-100
Tel. Fax: (11) 3672-1240
www.casadopsicologo.com.br

Coleção Clínica Psicanalítica
Dirigida por Flávio Carvalho Ferraz

AUTISMO
Construções e desconstruções

Ana Elizabeth Cavalcanti
Paulina Schmidtbauer Rocha

Sumário

Agradecimentos 11

Prefácio: O que essas crianças têm?
Por Teresa Pinheiro 13

Apresentação 23

1 - Algumas questões preliminares 27
A constituição do autismo como um campo controvertido 27
O fascínio do autismo 32

2 - Construção de uma patologia 49
A gênese de um conceito: a matriz de Kanner 49
A origem do termo autismo 52
Primeiras contradições de Kanner 55
Na origem do autismo: pais "intelectuais", mães "geladeiras" 60
O suposto biológico e seus desdobramentos 64
Consequências da matriz kanneriana: o autista, um estranho
sem mundo psíquico 71
Interrogando Kanner com a clínica 75
Os ecos da matriz de Kanner na psicanálise 80

3 - Algumas narrativas psicanalíticas sobre o autismo 85
Francis Tustin, uma psicanalista sensível e dedicada 89

Situando sua obra 91

A revisão e a perpetuação de um equívoco 94

Mahler: um pensamento construído no contato com várias tradições 97

O "ovo de pássaro": a metáfora de Mahler sobre o autismo 98

Os ecos do pensamento de Mahler na "perpetuação de um erro" 101

Objetos autísticos: povoando o mundo dos autistas 107

O buraco negro 108

Autismo e estados pós-autísticos: diferentes desdobramentos feitos por Meltzer da metáfora do "ovo" e da "fortaleza vazia" ... 111

Tempo e espaço no autismo e pós-autismo 113

Desmantelamento e identificação adesiva 115

Tustin e suas últimas revisões: abrindo os caminhos para pensar a subjetividade nos autismos 120

4 - COM WINNICOTT NA CONTRAMÃO 125

Esfumaçando as fronteiras entre o normal e o patológico: a classificação psicopatológica em questão 130

As repercussões em nossa clínica 135

Na contramão da metapsicologia freudiana 142

Os efeitos de um testemunho: positivando um modo de subjetivação 148

REFERÊNCIAS 157

Agradecimentos

A Flávio Carvalho Ferraz, coordenador desta coleção, que, de forma paciente e solidária, esperou o tempo de nossa escrita.

A Maria Helena Fernandes, pelo acompanhamento e pelas leituras cuidadosas dos trabalhos do CPPL.

A Teresa Campello, mais que um agradecimento, o reconhecimento da importância de seu questionamento firme e sistemático, de sua disponibilidade e disposição obstinada para explicitar e desdobrar as consequências das ideias contidas neste livro.

A Teresa Pinheiro, pelas conversas pontuais durante o tempo de escrita e pelo presente do prefácio que iluminou o livro e ampliou seus horizontes.

Aos colegas do CPPL – Lena, Cicília, Valéria, Ricardo, Glória, Manoel Caetano, Evangelina e Gorette – que de forma verdadeiramente fraterna contribuíram para os nossos avanços e suportaram os momentos de impasse. A Ana Rocha, um agradecimento especial, pela disponibilidade para a discussão e para as inúmeras e cuidadosas leituras do texto em diferentes momentos.

A Grace, Alice, Josete, Davy, Flávio e Itamar, que nos deram apoio para trabalhar com tranquilidade.

Aos nossos leitores, Bernardo Mora, que, com seu olhar agudo, cuidou das filigranas do texto; Eliane Robert, verdadeira alquimista que, com pequenas pinceladas, realçou as cores e deu vivacidade à escrita; Elisa Cintra, que, ao tomar contato com o texto em *status nascendi*, ajudou-nos a formular melhor algumas de nossas ideias; e Andréa Loparic, que, com seu rigor lógico e sem concessões, impulsionou-nos a enfrentar e procurar dar conta de algumas contradições presentes no texto.

A Cristina Kupfer e Isabel Tafuri, companheiras de ofício, pelas conversas e indicações de leituras valiosas.

A Irma Chaves pela colaboração na tradução.

A Aninha, pela cuidadosa pesquisa da bibliografia.

Finalmente às nossas famílias, Tonho, Marcelo, Leo, Ana Paula, Kátia, Ivana, Vera, Gustavo e Leonardo, porque aguentaram firme as nossas ausências e foram solidários em todos os momentos.

Prefácio:
O que essas crianças têm?

Este livro é resultado de vinte anos de pesquisa e trabalho clínico com as crianças chamadas autistas, realizado em Recife, no CPPL (Centro de Pesquisa em Psicanálise e Linguagem), fundado pelas autoras. Talvez esta instituição seja a que por mais tempo e de forma mais continuada se dedica à investigação do autismo no Brasil, tendo se tornado, por isso, um centro de referência no assunto. O estudo que se segue é, para os leigos, uma apresentação inteligível sobre a classificação do autismo e a apropriação que a psicanálise fez desta nosografia. Para os colegas da área se apresenta como um ousado questionamento sobre a reflexão psicanalítica acerca do tema. Ousado porque irá utilizar o próprio instrumental da psicanálise para apontar como os profissionais percorreram caminhos bastante confusos e contraditórios para dar conta da questão.

No percurso das autoras foi fundamental o encontro com Teresa Campello, uma interlocutora instigante que lhes lançou a pergunta: *"O que essas crianças têm? Vocês só dizem o que elas não têm!"* É preciso estar disposto a se defrontar com o novo, aceitar ficar com a pergunta sem ter a resposta exata, na ponta da língua, diante de uma interrogação como esta. Ana

Elizabeth e Paulina têm essa disposição, têm peito aberto e coragem de sobra para isso. Aceitaram o desafio e se propuseram a investigar sem dar uma resposta que se autoengendra e se autoexplica, tal como estamos habituados a ver, aos montes, no meio psicanalítico. A tarefa certamente não foi nada fácil, mas ao terminar de ler esse ensaio podemos constatar que ela foi cumprida com rigor teórico e brilhantismo. E o resultado é uma desconstrução da classificação do autismo. Para alguns, esse resultado será surpreendente, mas a argumentação implacável das autoras retoma fio por fio a apropriação feita pela psicanálise da nosografia do autismo e suas metáforas.

Metáforas terríveis que circunscreveram o imaginário teórico e clínico e que acompanha tanto os familiares quanto aqueles que trabalham com essas crianças: "tomadas desligadas", "conchas", "fortalezas vazias", "carapaças", "ovo", "buraco negro", são as metáforas que geralmente definem o autismo. Definições pelo déficit, pela ausência de desejo, de fantasia, de relação com o mundo e com a vida, quase como um ser sem subjetividade, ou pelo menos sem semelhança de subjetividade que permita um mínimo de positividade. Como se dessas crianças só se pudesse dizer "o que não têm". Mas o que elas têm? E que positividade a perspectiva psicanalítica pode oferecer?

Talvez o texto freudiano de 1914 "Sobre o narcisismo: uma introdução", considerado um texto de virada importante no corpo teórico da psicanálise, possa dar uma contribuição efetiva. Num momento em que a construção freudiana parecia já estar devidamente alinhavada, na costura entre o complexo de Édipo e a sistematização do inconsciente, tendo o recalque como eixo ordenador, a exigência de uma resposta à altura do questionamento feito por Jung, obriga Freud a conceber uma teoria de constituição do eu pelo viés do narcisismo. A virada em si já é algo notável. Entretanto, podemos fazer a leitura da obra de Freud por caminhos bastante diversos, dependendo do que se irá privilegiar e essa escolha implicará, sempre, deixar de lado outras tantas leituras possíveis. Neste sentido, no texto de 1914 podemos fazer uma leitura desenvolvimentista, recorrendo às definições pouco claras de autoerotismo, narcisismo primário e narcisismo secundário; ou podemos aproveitar a ideia pluralista de eus fornecida pelas instâncias ideais juntamente com a autoobservação; ou, ainda, podemos ressaltar tão somente a ideia falocentrista de Freud ao descrever o narcisismo feminino de maneira quase caricatural; enfim, inúmeras leituras são possíveis neste único texto. A escolha é do leitor e ela dará o norte, fazendo com que muitos daqueles que se autodenominam freudianos acabem por não reconhecerem seus pares. Dentre as leituras possíveis, algumas remetem a uma visão essencialista e positivista do psiquismo, outras apontam um Freud mais próximo do pensamento da diferença. Nesta última, o privilégio vai ser dado ao final da 2ª parte do texto, quando Freud diz que "Sua majestade, o bebê" é uma invenção de dois adultos. Com isso, Freud recusa qualquer ideia essencialista e concebe a subjetividade como uma invenção, criada pela fantasia e pela subjetividade de adultos.

Sem dúvida essa ideia já estava presente em textos anteriores. A concepção de aparelho psíquico, em Freud, tem por pressuposto que se trata de um aparelho de interpretação. Sem isso não poderia conceber os parâmetros conceituais que constituem o seu aparelho de linguagem. Para interpretar seus semelhantes esse aparelho terá, necessariamente, de atribuir a eles uma vida subjetiva como a sua. Além disso, o trabalho com as histéricas tinha dado a Freud a formulação do conceito de fantasia na sua forma primeira. Ao trabalhar este conceito, no texto *Fragmentos de análise de um caso de histeria* (1905), Freud mostra o quanto ele é subsidiado pela noção de atribuição de semelhança subjetiva. A fantasia de Dora tinha por objetivo tornar transparente tanto a subjetividade da senhora K. quanto a do senhor K. Como se no exercício fantasmático, o pensamento, o desejo, as fantasias, o prazer, a dor e a tristeza, tanto da Sra. K. quanto o do Sr. K, pudessem ser totalmente conhecidos de Dora. Não existiria mais nenhum enigma separando misteriosamente as pessoas e seus desejos. A ambição de Dora era, pela via fantasmática, tornar familiar todos os mistérios da diferença dos sexos, dos desejos inconscientes que movem as pessoas, da solidão que comporta a singularidade de cada um. Na varinha de condão da fantasia histérica todas as surpresas são antecipadas, todos os desejos imaginados, todos os desencontros humanos representados. Pois o que interessa é saber colocar-se no lugar do outro para saber o que o outro quer, sente ou pensa. Em outras palavras, sentir, imaginar todos os paradoxos que os sentimentos e as emoções humanas produzem.

Em 1914, o conceito de narcisismo é o principal articulador dessa ideia. É pelo viés da pasteurização narcísica, transformadora de todo o estranho em familiar que Freud pode fazer o arremate da atribuição de semelhança da subjetividade como ferramenta fundamental de sua concepção de aparelho de linguagem. Se essa atribuição faz do campo imaginário a função alienante do eu, quando não é atribuída essa semelhança estamos no campo sombrio das terríveis demonstrações de destrutividade. Nessa perspectiva, podemos entender o preconceito de raça, religião e ideologia que ao longo da história da humanidade mostrou a face do horror. Se não atribuirmos semelhança de subjetividade, se não pudermos nos colocar no lugar do outro porque o outro é totalmente diferente, não é mais um semelhante, então todas as crueldades são permitidas. Um bom exemplo disso está na posição da Igreja diante da escravidão: os negros podiam ser escravizados porque não tinham alma, já os índios precisavam ser catequizados, pois a eles os jesuítas atribuíam semelhança.

Na classificação do autismo, conforme nos mostram Ana Elizabeth e Paulina, deposita-se sobre essas subjetividades atributos de tal dessemelhança: seres sem desejo, incapazes de fantasiar, que não estabelecem relação com o meio – características que impedem que possamos nos colocar no lugar dessas crianças. A imagem que se forma dos autistas não se confunde com a forma como o autista se apresenta ao mundo. O fato de o autista aparentar não se relacionar com o mundo, as autoras nos mostram neste livro, é só uma forma de se apresentar; não necessariamente é assim. Como se a teoria usasse os mesmos recursos do seu objeto do estudo. O olhar de alguns teóricos da psicanálise para os autistas tem a mesma característica atribuída a essas subjetividades. Isso também acontece quando se fala em melancolia. O discurso da psicanálise sobre a melancolia é melancólico, ou seja, utiliza-se, no discurso, o mesmo instrumental da melancolia: discurso pela negativa sem poder afirmar ou positivar o que quer que seja. Não é à toa que vamos encontrar tanto na melancolia quanto no autismo um procedimento de concepção teórica que se parece tanto com a definição do objeto. Na melancolia, por exemplo, ou ela é definida como desvio de ordem, como sendo uma realização malfeita do luto ou coisa parecida, ou ela é definida na negativa como não sendo capaz de fantasiar, não sendo capaz de associar livremente, não sendo capaz de fazer lapsos, não apresentando formações do inconsciente. A melancolia que apresenta um discurso sempre na negativa sem positivar nada é definida teoricamente e apresentada pelo que não é capaz, na negatividade, sem que se afirme ou se positive o que ela é. Até que ponto o mesmo não acontece com o autismo? Tal procedimento deve-se, por um lado, ao fato de essas duas formas de subjetividade se apresentarem como se não fossem sujeitos clivados, como se não fossem movidos pelo desejo inconsciente. Apresentam-se cartesianamente como sujeitos da percepção e da consciência. E, por outro lado, ao fato de que vários estudiosos da psicanálise, a partir de uma aproximação estreita e muitas vezes perigosa com o pensamento de filósofos tais como Hegel, Heidegger e outros, passaram a inserir, no vocabulário psicanalítico, termos como: absoluto, completo, falta e vazio, utilizando-os como base e fundamento para a compreensão do aparelho psíquico proposto pela psicanálise. São justamente esses os significantes que estão presentes no discurso melancólico e nas metáforas que recheiam as descrições sobre os autistas. Tem-se a impressão de que, para escapulir do pensamento desenvolvimentista, que determinava etapas de desenvolvimento e regressões que explicavam as patologias, entramos num discurso melancólico em que a questão do absoluto, do completo e do vazio permeiam o universo de referência subjetiva.

No ensaio que se segue, encontramos uma citação do livro *Autismos*, coletânea de textos produzidos no CPPL e organizado por Paulina. A citação fala do mundo atual com os apelos às imagens recortadas e desconexas dos videoclipes, dos filmes de propaganda – *"mundo em que inexiste o semelhante – povoado de rostos imóveis e inescrutáveis, sem expressão, sem afeto: congelados..."* e mostra como esse mundo não é diferente das metáforas atribuídas aos autistas, aos melancólicos, aos panicados, aos drogados.

Esse mundo, projetado nas televisões, nas propagandas, não confirma o quanto a psicanálise, com essas metáforas, pode estar expressando o próprio meio cultural do seu tempo? Não esqueçamos que sem as histéricas do início do século XX

Freud dificilmente teria podido construir seu corpo teórico. O mundo pós-moderno é o mundo do tempo presente, da instantaneidade do desejo, do invólucro que vale mais que o conteúdo, do corpo que não pode mostrar as marcas do tempo, dos projetos que, quando existem, raramente são comunitários. Uma forma de subjetividade diferente daquela do mundo introspectivo, herdeiro do romantismo. Olhar essas formas de subjetividade, lançando mão, apenas, das lentes da histeria, não significa, em última instância, uma necessidade de encaixar a clínica à teoria a qualquer custo, numa escuta viciada, incapaz de ouvir o que está sendo dito, insensível ao sofrimento dos analisandos? Se, por um lado, como nos mostram as autoras com seus exemplos, não é verdade que essas formas de subjetividade não fantasiam, por outro, é preciso investigar melhor qual o estatuto dessas fantasias que se apresentam de modo tão diverso do modelo da histeria, em que o atribuir semelhança não é o que está em falta, mas sim outros ingredientes: como a relação de causa e efeito, o movimento das cenas, o número de personagens. Se a clínica da psicanálise está voltada para a produção de novos sentidos, para a aceitação da diferença, do novo, visando curto-circuitar a função alienante do eu, então esse livro é, além de importante para a compreensão do que ganhou o nome de autismo, um exemplo produtivo do ato psicanalítico. Porque se fechar num rol de crenças autoexplicativas, em que se pressupõe a ideia de uma verdade unívoca, é o avesso da psicanálise. Abrir mão disso é um exercício difícil. São vinte e cinco séculos de platonismo formando o pensamento ocidental; e mais difícil, ainda, no mundo contemporâneo que, paradoxalmente, parece reeditar o homem cartesiano.

Teresa Pinheiro
Rio de Janeiro, junho de 2001.

Apresentação

O início do nosso trabalho com as crianças autistas foi marcado pela contradição advinda de nossas filiações teórico--clínicas ao Método Verbotonal e às teorias psicanalíticas formuladas, até então, sobre o autismo. Se, por um lado, apoiadas nas concepções do Método Verbotonal[1], não questionávamos se as crianças eram sujeitos e nos relacionávamos com elas sem duvidar de que eram afetivas e capazes de compreender os outros e o mundo, por outro, e ao mesmo tempo respaldadas nas referências de alguns autores psicanalíticos, negávamos-lhes a linguagem, a capacidade de interagir e estabelecer contato com o mundo externo e com o outro. Assim,

---

[1] O Método Verbotonal foi criado pelo linguista croata Peter Guberina na década de cinquenta, visando desenvolver a discriminação auditiva da fala e a oralização das crianças surdas. Essa metodologia se insere em um conjunto de pesquisas pedagógicas sobre o aprendizado de línguas estrangeiras, cujos trabalhos iniciais resultaram na construção do "método áudiovisual global estrutural", utilizado amplamente para o ensino de línguas estrangeiras até meados dos anos oitenta. No contexto das décadas de sessenta e setenta, em que a oralização dos surdos era uma ideia hegemônica, o Método Verbotonal foi utilizado com uma certa amplitude em vários estados do Brasil e em outros países do mundo. Guberina desenvolveu uma concepção da linguagem, propondo compreendê-la tal como ela se organiza no ato da comunicação. Para ele, o ato de comunicação é uma estrutura de sentido construída entre interlocutores, em que o texto é apenas um dos elementos, entre os outros que o compõe: os valores da fala (ritmo, entonação, pausa, intensidade), os movimentos corporais e o contexto. Esses elementos, combinados de diversas formas em uma situação carregada de afeto, estruturam o ato da comunicação.

segundo a nossa apreensão, as crianças, ao mesmo tempo, falavam e não falavam, interagiam e não interagiam, estabeleciam e não estabeleciam contato com o mundo. Vivemos, então, um paradoxo.

Mas, como seguíamos o que dizia Winnicott – com os paradoxos é preciso conviver e não tentar resolvê-los – estas contradições em que estivemos mergulhadas por muitos anos, longe de paralisar a produção e o trabalho clínico, acabaram nos impulsionando à formulação de novas questões e à busca de novas respostas.

Nestes últimos anos, no entanto, um certo mal-estar se fez presente em nossa clínica. O que escutávamos das crianças diagnosticadas autistas e de seus pais, na maioria das vezes não confirmava o lugar de impossibilidade e deficiência que lhes atribuíam as imagens, metáforas[2], crenças e teorias que circulavam entre nós sobre o autismo.

Quando escrevemos o livro "Autismos"[3], propusemos uma solução, afirmando que as metáforas do tipo "fortaleza vazia" não eram adequadas para descrever essas crianças. Hoje, entendemos que também não é pertinente considerá-las paradoxais. Pensamos, simplesmente, que elas têm um modo de subjetivação singular e estabelecem contatos, comunicam-se e falam à sua maneira. Isso nos levou a relativizar e a questionar

---

[2] Referimo-nos às metáforas geralmente utilizadas para narrar o autismo: "fortaleza vazia", "ovo de pássaro", "muçulmano", "papagaio", "folhas de papel", "carapaças" etc.

[3] Rocha, P. (Org.). *Autismos*. São Paulo: Escuta, 1997.

a feição determinista e consequente produção de um ideal de subjetivação, presentes tanto na teoria verbotonal quanto na teoria psicanalítica. Mais que isso, a nossa clínica com crianças, que chegaram ao tratamento antes de completar três anos, mostrou-nos a impossibilidade e o perigo do diagnóstico e do prognóstico nesta tenra idade, levando-nos a interrogar a pertinência e a utilidade do conceito do autismo.

Neste livro, propomo-nos a refazer a trilha da construção desse conceito, procurando recontextualizá-lo e revisitá-lo à luz de nossa clínica; a revisitar algumas das teorias psicanalíticas sobre o autismo e, apoiadas em Winnicott, desconstruir a noção de autismo como síndrome ou quadro psicopatológico, esperando ampliar as possibilidades de escuta e interpretações sobre o sofrimento psíquico em tenra idade e seus desdobramentos.

1.

Algumas questões preliminares

A constituição do autismo como um campo controvertido

Na década de quarenta, em plena Segunda Guerra Mundial, Leo Kanner[1], psiquiatra austríaco naturalizado americano, propôs uma nova síndrome na psiquiatria infantil que denominou a princípio de "distúrbio autístico do contato afetivo" e depois de "autismo". Retomava, assim, o termo criado e utilizado trinta anos antes por Bleuler, psiquiatra alemão contemporâneo de Freud, para descrever um dos sintomas da esquizofrenia no adulto.

A criação deste novo quadro nosográfico deveu-se, segundo Kanner, à sua observação clínica de algumas crianças que não se enquadravam em nenhuma das classificações psiquiátricas

---

[1] Leo Kanner nasceu na Austro-Hungria em 13 de junho de 1894, em Klekotow. Terminou seus estudos de Medicina em Berlim em 1919, onde fez a sua residência em psiquiatria no hospital de Caridade de Berlim, na Alemanha. Por volta da segunda metade dos anos vinte, emigrou para Dakota do Sul onde fez a revalidação dos seus diplomas.

existentes na psiquiatria infantil: a demência precoce, a esquizofrenia infantil e a oligofrenia. Segundo afirmava, estas crianças eram inteligentes, possuíam uma excepcional capacidade de memorização, mas apresentavam uma incapacidade inata para estabelecerem contatos afetivos e sua linguagem, quando presente, era ecolálica, irrelevante e sem sentido, jamais utilizada para a comunicação.

Quando Kanner definiu o autismo como uma patologia que se estruturava nos dois primeiros anos da vida, aflorava na psicanálise um interesse crescente pelas relações mãe--bebê e pela clínica da primeira infância. Alguns psicanalistas recém-chegados da Europa, mais voltados para o estudo do desenvolvimento do psiquismo infantil, como Margareth Mahler, compartilharam com Kanner de experiências referentes à clínica da primeira infância. Para esses psicanalistas, o autismo passou a significar um novo campo de pesquisa sobre o psiquismo humano e os primórdios de sua constituição. Como foi a histeria para Freud e as psicoses para os kleinianos e os lacanianos, o autismo é, hoje, um objeto privilegiado de estudo para os psicanalistas contemporâneos.

Mas, segundo alguns autores, além de uma síndrome, Kanner acabou criando um campo de controvérsias.

Neste sentido, nada mais difícil de conceituar que o autismo. Enquanto a neurologia o descreve como uma síndrome, enfatizando o déficit da capacidade afetiva, da comunicação e da linguagem, insistindo em sua determinação puramente orgânica, a psiquiatria divide-se entre as tendências a considerá-lo um distúrbio psicoafetivo ou uma doença geneticamente determinada.

Em psicanálise, o campo não é menos controvertido. Nos dizeres de Denys Ribas,

> [...] depois de mais de vinte anos os mal-entendidos continuam florescendo neste campo. [...] Convém empregar o termo no singular, subentendendo-se por este uso a unidade de uma síndrome – doença, estado, déficit? – ou deve-se falar de autismos, implicando desde já sua diversidade? Deve-se acrescentar ou não o termo 'precoce(s)'? Considera-se que há uma continuidade com as psicoses infantis? Se sim, um dos termos será concebido como englobando o outro[2]?.

Para alguns autores, sobretudo os mais influenciados pela teoria kleiniana, como Francis Tustin, o autismo é uma defesa ante um encontro prematuro e traumático com o mundo externo que leva a criança a um retraimento profundo, comprometendo de forma avassaladora todo o processo de constituição da vida psíquica. Desse ponto de vista, o autismo é definido como uma patologia precoce, um tipo específico de organização psíquica, marcada pelas ausências de linguagem e de relações objetais. Para esses autores, o autismo diferencia-se das psicoses infantis por se tratar de uma organização psíquica mais arcaica do ponto de vista do desenvolvimento do psiquismo. Já para

---

[2] Ribas, D.; Perron, R. *Autismes de l'enfance*. Paris: P.U.F., 1997. p. 7.

autores de inspiração lacaniana, como Marie Christine Laznik--Penot, Maria Cristina Kupfer e Alfredo Jerusalinsky, há um certo consenso em torno da ideia de que, no autismo, há uma falência da operação significante, mediante a impossibilidade do Outro materno de supor e antecipar um sujeito, impossibilitando a constituição das relações especulares e do circuito pulsional. Segundo acreditam, entre o autismo e a psicose não há nenhuma identidade de estrutura e, como resume Cristina Kupfer, "o autista está fora do campo da linguagem, enquanto o psicótico está na linguagem, mas fora do discurso"[3]. Por isso, estabelecer uma clara distinção entre as psicoses infantis e o autismo é também a posição defendida entre estes autores, uma vez que o diagnóstico sinaliza para diferentes direções do tratamento.

René Diatkine e Donald Meltzer, por outro lado, firmaram posições bem diferentes. Para eles o autismo não é uma defesa, mas um modo específico de funcionamento mental que se distingue das psicoses infantis.

Outros autores, como Winnicott, não só consideraram desnecessário estabelecer uma diferença entre o autismo e as psicoses infantis, como acharam inútil a distinção entre essas patologias. Como veremos, Winnicott enfatizou os efeitos iatrogênicos desse diagnóstico e colocou em questão a pertinência da invenção de Kanner.

---

[3] Kupfer, M.C. (1999) Psicose e autismo na infância: problemas diagnósticos. In *Estilos da Clínica*. Instituto de Psicologia da Universidade de São Paulo, 4(7), 1999, p. 106.

Apesar dessas divergências, esses diferentes preceitos produziram teorias e representações culturais sobre o autismo. Nelas, a noção de autismo parece estar fortemente associada às ideias de déficit, deficiência e impossibilidade, quer na perspectiva das crianças, metaforicamente chamadas por diferentes autores de "Fortalezas vazias", "Tomadas desligadas", "Conchas" e "Carapaças", cujo mundo psíquico é apresentado como desvitalizado e despovoado, quer na perspectiva dos pais, em geral considerados incapazes de investir em seus filhos e descritos por metáforas não menos contundentes, como a das "mães geladeiras" de Kanner.

Uma matéria publicada recentemente no *Jornal do Commércio*, um dos jornais de maior circulação do estado de Pernambuco, ilustra essas representações sociais mais difundidas e consensuais sobre o autismo.

Essa matéria é impactante, não só pelas descrições das crianças chamadas autistas, como pelas figuras e imagens empregadas para representá-las. A figura sombria de uma criança de costas sob uma redoma de vidro, principal ilustração da reportagem, assim como os pequenos desenhos de crianças tapando os olhos e os ouvidos com as mãos, induzem o leitor a considerá-las sujeitos incapazes de manter contato e relações com as pessoas e o mundo. O longo texto que ocupa uma página inteira confirma essa ideia. Nele, as crianças são descritas como sujeitos que não falam, não se comunicam, não brincam, não estabelecem relações com as pessoas, isoladas em seus mundos enigmáticos e despovoados.

Descritas desse modo, as crianças denominadas autistas inquietam e fascinam. Aparentemente não se consegue ficar indiferente diante delas. O distanciamento, o jeito enigmático, o fascínio pelos movimentos circulares, os olhares fixos em um horizonte invisível que costumam apresentar parecem justificar, para alguns autores, a crença de que estas crianças estão na fronteira da humanidade[4].

Mesmo assim, poucas crianças, homens e mulheres que apresentaram dificuldades e sofrimentos psíquicos, suscitaram, nos últimos tempos, tanta simpatia, curiosidade e também crueldade, entre profissionais e leigos, quanto os chamados autistas[5]!

O fascínio do autismo

Desde que foi batizado por Leo Kanner e definido como um quadro grave que atinge a criança até dois anos de vida, o autismo instiga e mobiliza um inusitado interesse. Recém--inventado, no início da década de cinquenta tornou-se objeto de investigação de diversas disciplinas (psicanálise, psiquiatria,

---

[4] Hochman, J. "Cordelia ou le silence des sirènes: une relecture de l'autisme infantile de Kanner". In: Ribas, D.; Perron, R. *Autismes de l'enfance*. Paris: P.U.F., 1997.

[5] Sobre a crueldade, encontramos um texto que narra a história de um processo judicial do infanticídio de uma autista cuja mãe foi condenada apenas a uma prisão condicional, por se entender que ante o terrificante sofrimento do autista ela tinha cometido um ato de eutanásia. Joly, F. "À propos de la souffrance autistique". *Contraste: Revue Semestrielle de l'ANECAMSP*, 5, p. 98, 1966.

neurociências, educação, psicologia) e até 1978 já haviam sido publicados 75 livros e 1.281 artigos sobre o assunto[6].

A literatura e o cinema também o têm tomado como tema, sobretudo nas duas últimas décadas, suscitando a atenção e intrigando as pessoas no mundo inteiro. O número de filmes cujos principais personagens são os autistas, sejam crianças, adolescentes ou adultos, é expressivo. É igualmente significativa a quantidade de livros escritos por seus pais e de relatos autobiográficos publicados por "autistas"[7]. Alguns desses filmes foram sucesso de público, bilheteria e crítica, assim como alguns dos livros tornaram-se verdadeiros *best-sellers*.

Recentemente, multiplicaram-se no Brasil matérias e reportagens em jornais e programas de rádio e TV em que profissionais de diversas áreas – quase sempre interpelados pelo público – discutem o "autismo". Esse fenômeno não se limita ao nosso país, mas está presente também nos Estados Unidos e em países da Europa, o que nos parece confirmar o interesse, o fascínio, o lugar, enfim, que o autismo como conceito, quadro psicopatologico ou síndrome neurológica, ocupa no imaginário contemporâneo.

Uma bem-humorada reportagem, publicada no *Jornal do Commercio* em 1997, diz das repercussões inusitadas, do

---

[6] Rosenberg, R. "Autismo: histórico e conceito atual". *Temas sobre desenvolvimento*, v. 1, n. 1, p. 4, 1991.

[7] Sobre o que escrevem as mães das crianças autistas, ver: Alerini, P. "As mães de crianças autistas". I:n Laznik-Penot, M. C. (Org.). *O que a clínica do autismo pode ensinar aos psicanalistas?* Salvador: Ágalma, 1994.

interesse e do impacto produzido pelas crianças e adultos autistas no imaginário contemporâneo. Trata-se da constituição, na cidade histórica de Olinda, de uma comunidade de jovens que, autodenominados "artistas e autistas", tomaram os traços autísticos como traços identificatórios e ideal de vida. Segundo a reportagem:

> Os Moluscos-Lama (M-L), como são conhecidos, espalham-se por todos os cantos e estão antenadíssimos com a década de 90. [...] Quando não estão fazendo arte, os M-L ficam autistando. O termo é uma derivação do verbo autistar, criado por eles para definir comportamentos semelhantes ao dos autistas. "Autistar é ficar parado, olhando para o tempo, pensando qualquer coisa ou coisa nenhuma" [...]. Fazer coisa nenhuma, inclusive, é uma das especialidades dos moluscos. [...] Os moluscos-lama são fundadores do Movimento Autista de Pernambuco (MAPE). Os integrantes do grupo dizem se identificar com alguns comportamentos dos autistas: dificuldade em iniciar e manter um diálogo; o discurso não tem nexo; repetição de frases e palavras que ouve; não faz contato com os olhos; agressividade em relação a si ou aos outros[8].

O próprio Kanner já se mostrara fascinado pelas crianças que o levaram a inventar o autismo e isso fica muito evidente

---

[8] *Jornal do Commercio*, Recife, 9 de setembro de 1997.

em seu texto inaugural, quando se refere às suas características como *"fascinantes particularidades"*[9]. Vários autores, como nós, perguntam-se sobre as razões deste fascínio (Bruno Bettelheim, Denys Ribas, Jacques Hochmann, Manoel Berlinck[10]). Alguns deles sugeriram que o interesse no desenvolvimento de pesquisas e teorias sobre o "autismo infantil precoce" deve-se à sua incidência nos primórdios da constituição do psiquismo humano. Essa é a posição de Berlinck:

> [...] A curiosidade de todos a respeito dos sintomas das doenças, especialmente das mentais, é muito grande. Porém, no caso do autismo, a curiosidade não é compatível com a desprezível frequência dessa manifestação. Por isso, é legítimo pensar o desejo generalizado de conhecer o autismo como interesse sobre a enigmática natureza do psiquismo humano. E, de fato, a doença contém elementos que ensinam sobre o aparelho psíquico, sua constituição e seu funcionamento[11].

A opinião de Berlinck aproxima-se do que pensa Betthelheim, quando este atribui a sua motivação a trabalhar tão

---

[9] Kanner, L. (1943) "Os distúrbios autísticos do contato afetivo". In: Rocha, P. (Org.). *Autismos*. São Paulo: Escuta, 1997. p. 111.

[10] Berlinck, M. "Autismo, paradigma do aparelho psíquico". In: *Estilos da Clínica*. Instituto de Psicologia da Universidade de São Paulo, v. 4, n. 7, 1999; Betthelheim, B. (1958) *A fortaleza vazia*. São Paulo: Martins Fontes, 1987; Ribas, D. *Un cri obscur*. Paris: Calmann-Lévy, 1992. p. 12.; Hoschman, J. "Preface". In: Durey, B. *Autisme et humanité*. Paris: Théétète, 1995. p. 7.

[11] Berlinck, M. T. *Psicopatologia fundamental*. São Paulo: Escuta, 2000. p. 94.

ininterruptamente com essas crianças e também a escrever o seu livro à "importância desses casos [de autismo infantil na primeira infância] para o desenvolvimento da ciência da psicologia...[12]"

Nós, que trabalhamos há anos com as crianças e adolescentes denominados autistas no CPPL[13], tentamos compreender o fascínio exercido por elas, considerando o autismo como uma metáfora da contemporaneidade.

No livro *Autismos*, refletindo acerca desse fascínio e do impacto desta patologia no imaginário contemporâneo, encontramos indagações que bem ilustram as preocupações de então acerca da relação entre a invenção do autismo e a contemporaneidade:

> Diante desse mundo atual – caleidoscópio apelativo de imagens recortadas, desconexas, que se sucedem como nos videoclipes – mundo bombardeado pelas frequências graves de filmes e propagandas, pergunto-me: será que o mundo que ora projetamos para o futuro não é exatamente esse mundo autista de singularidades, sem objeto, sem relações? Mundo em que inexiste o semelhante – povoado de rostos imóveis

---

[12] Bettelheim, B. (1958) *A fortaleza vazia*. São Paulo: Martins Fontes, 1987. p. 435.

[13] O CPPL – Centro de Pesquisa em Psicanálise e Linguagem – é a instituição onde desenvolvemos, há vinte anos, um trabalho com crianças que apresentam graves dificuldades no desenvolvimento, numa perspectiva psicanalítica e institucional. Deste trabalho participam profissionais de diversas áreas – psiquiatras, psicólogos, psicanalistas, pedagogos – e as crianças e seus pais são atendidos em grupo e individualmente.

AUTISMO: CONSTRUÇÕES E DESCONSTRUÇÕES

e inescrutáveis, sem expressão, sem afeto: con-ge-la-dos. Ou será o nosso um mundo implacável de ficção científica, primitivamente cruel, sem preocupação nem solicitude para com o outro? Diante desta patologia: Estamos em face do extremo, nos limites do humano[14].

Antônio Ricardo Rodrigues da Silva, também no mesmo livro, ao se indagar sobre o mito da autoctonia na constituição do sujeito, escreve:

Seria muito ousado considerar o autismo emblemático deste nosso tempo pós-moderno, onde a individualidade e a singularidade já se consolidaram como valor absoluto e a força da tradição não possui mais o impacto de antes? Um tempo onde o que parece prevalecer é uma referência a si próprio, como se fosse possível viver sem relação e sem referência ao outro[15]?

Outros autores, como Maria Cristina Kupfer, manifestaram inquietações provenientes dessa mesma ideia acerca do mundo contemporâneo e a concepção do autismo, sublinhando a relação entre a criação do nome e do discurso sobre o autismo e a atualidade dos laços sociais:

---

[14] Rocha, P. "Terror do mundo novo ou a interpretação autista do velho mundo". In: Rocha, P. (Org.). *Autismos*. São Paulo: Escuta, 1997. p. 109.

[15] Silva, A. R. R. "O mito individual do autista". In: Rocha, P. (Org.). *Autismos*. São Paulo: Escuta, 1997. p. 29.

O autista de hoje não é o mesmo que poderia ter surgido no mundo antigo, porque esse nome moderno, criado por Kanner, recorta e cria um novo discurso que o situa e lhe dá lugar no mundo contemporâneo. Cria, com o poder de criação do significante, um novo autista. Que prolifera, vai à mídia, aos filmes, que enternece. Significa algo para sociedade hoje, e é por ela significado a partir das modelizações sociais à sua disposição[16].

Kupfer sugere que a estreita conexão estabelecida por Kanner entre o surgimento do "autismo infantil precoce" na criança e alguns traços patológicos maternos implicou claramente as mães na constituição desta patologia. Segundo ela, as reações adversas despertadas por essa opinião, especialmente entre os pais das crianças autistas, e as soluções encontradas por diversos clínicos – notadamente neurologistas, psicólogos, cognitivistas e behavioristas – para desculpabilizar as mães, parecem ter gerado um movimento de retirar-lhes a responsabilidade do destino subjetivo do filho. Kupfer relaciona essa forma de pensar e conduzir as reflexões sobre a etiologia do autismo ao contexto da sociedade contemporânea que cada dia mais apresenta dificuldades de assumir responsabilidades no que diz respeito a suas gerações futuras. Nesse sentido, conclui:

---

[16] Kupfer, M. C. "Psicoses e autismo na infância: problemas diagnósticos". *Estilos da Clínica*. Instituto de Psicologia da Universidade de São Paulo, v. 4, n. 7, 1999, p. 100.

[...] a sociedade moderna vê no autista a denúncia da sua falha, a denúncia do modo como está tratando suas crias. Choca mais do que a infância abandonada, embora a balança numérica tenda muito mais para o lado dos meninos de rua do que para o lado dos autistas[17].

Na fala de Volnovich[18], psicanalista argentino radicado no Rio de Janeiro, o autismo é uma criação moderna que testemunha o lugar em que é colocada a infância na contemporaneidade. Tanto a produção do autismo quanto a da loucura têm raízes histórico-políticas e resultam da e na representação da infância na sociedade contemporânea, marcada pelo narcisismo. O autismo seria, portanto, acredita o autor, muito mais uma expressão que condensa o mal-estar contemporâneo do que um avatar psicopatológico.

O que acabamos de expor condiz também com algumas de nossas ideias já formuladas anteriormente[19], de que o fascínio exercido pelos autistas no imaginário contemporâneo deve-se, entre outras razões, à projeção que fazemos sobre eles de alguns traços do funcionamento mental de nossa cultura e de nosso tempo. Graças a essas projeções, passamos a narrar o mundo dos autistas como cruel, absolutamente individualista, sem semelhantes. Um mundo em que a criança só conta consigo

---

[17] Kupfer, M. C. "Psicose e autismo na infância: problemas diagnósticos" *Estilos da Clínica*. Instituto da Psicologia da Universidade de São Paulo, v. 4, n. 7, 1999.

[18] Volnovich, J. *A psicose na criança*. Rio de Janeiro: Relume-Dumará,1993.

[19] Rocha, P. "Como tratar o sofrimento da criança?". *Bol. Novidades da Pulsional*, 124.

mesma, ante o terror que representa o encontro com o outro, um verdadeiro estranho.

Talvez pudéssemos fazer uma aproximação e encontrar semelhanças entre o sofrimento das crianças que vivem no mundo contemporâneo — marcado pela destruição em massas, pela proliferação de supostas "guerras étnicas" e de campos de refugiados — e as nossas interpretações do sofrimento dos pequenos pacientes autistas, com suas crises de angústia impensável, com as mães sideradas e os pais intocáveis em seus envelopes narcísicos.

Ao dar um nome universalizante ao sofrimento da criança e atribuir-lhe uma série de sintomas psicopatológicos, podemos excluí-la facilmente do âmbito de nossas responsabilidades. Poderíamos, então, considerar que, ao classificar algumas crianças como autistas, permanecemos cegos, não conseguimos nos reconhecer em projeções que se tornam tão estranhas a nós quanto o são as crianças e adolescentes chamados autistas.

O título de um dos livros de Paul Ricoeur, A metáfora viva[20], permitiu que elaborássemos uma analogia e uma nova interpretação sobre o fascínio que exercem sobre nós estas crianças: o autista seria como uma metáfora viva. Em outras palavras, uma nova metáfora pode ou não ser produtora de novos sentidos e quando isso ocorre tem-se muitas vezes a desconstrução de sentidos estabelecidos. Com "o passar do tempo", estes novos sentidos são sedimentados, como se as

---

[20] Ricoeur, P. A metáfora viva. Porto: Rés, 1983.

metáforas tivessem morrido. Os autistas seriam, então, como metáforas que nunca se sedimentam, que nunca morrem e a estranheza que experimentamos diante deles é um efeito de sua surpreendente imprevisibilidade. Eles agem **como se** fossem "metáforas vivas" e colocam aqueles que se encontram ao seu redor ante o estranho, o imprevisível, e, paradoxalmente, o estranho familiar.

Jacques Hochmann parece estabelecer analogia similar, quando compara as crianças a um poema vivo.

> A criança autista – mesmo quando seus achados linguísticos involuntários nos deslumbram – não é um poeta. Nos acontece – seria para nos assegurar? – de considerá-la como um poema vivo[21]...

Mas, se por um lado o funcionamento das crianças diagnosticadas como autistas nos lembra as "metáforas vivas", impulsionando a criação de novos sentidos, por outro, como nos mostra Hochmann, as teorias sobre o autismo têm, na maioria das vezes, um caráter defensivo e uma certa feição de modelização, imutabilidade e rigidez, que parecem induzidas pela forma particular de ser das crianças. Como ele diz:

---

[21] Hochmann, J. "Prefácio" In: Durey, B. *Autisme et humanité*. Paris: Théétète,1995, p. 37.

> [...] não encontramos nas teorias sobre o autismo analogias, metáforas que permitiriam passar de uma teoria a outra, de completar umas por outras e conciliar os inconciliáveis...[22]

Esta tendência pode ser encontrada já, como sugere Hochmann, no texto inaugural de Kanner que, tanto nos coloca ante o enigma suscitado por estas crianças, quanto descreve a síndrome do autismo de maneira "perfeitamente azeitada, articulada e lógica"[23]. Como se Kanner tivesse descrito, nos diz Hoschmann,

> [...] uma máquina autista. Ela gira em torno de si e os sintomas se encadeiam e se explicam uns aos outros com elegância. Os autores seguintes tomaram e completaram essa máquina, acrescentando aqui e ali alguns elementos para facilitar-lhe os movimentos[24].

O texto de Hochmann é bastante incisivo. Segundo ele, mais do que manter os outros à distância, o autista protege-se de qualquer intrusão interna ou externa, representada pela atividade psíquica. Assim, sempre que solicitado pela presença do outro a colocar em atividade a subjetividade, ele trata de negar radicalmente não só a sua, mas também qualquer atividade

---

[22] Idem, p. 37-38.

[23] Idem, p. 37.

[24] Idem, p. 36.

psíquica do outro, daqueles que estão a seu redor. Todavia, Hochmann não se aventura a concluir, como foi explicitado por Bernardo Mora Trespalacios[25], que aí estaria exatamente a maior evidência da subjetividade no autismo.

Ao dar continuidade às suas reflexões, Hochmann conclui que a construção das teorias sobre o autismo sofreria, portanto, o impacto da negação radical feita pelos próprios autistas, não só de sua subjetividade, como da de outrem. Essas teorias estariam a serviço de uma certa defesa contra esse ataque à subjetividade dos psicanalistas que, ao descreverem os autistas como carapaças, fortalezas vazias, seres sem linguagem e inacessíveis aos contatos humanos, ratificaram a ação antipsíquica da criança autista. Nesse sentido, segundo ele, as teorias parecem assumir a rigidez e a imutabilidade dos mesmos mecanismos colocados em curso pela criança autista. Acrescenta, ainda, que pelo caráter defensivo de que estão imbuídas desde Kanner, são marcadas pela necessidade de uma certa infalibilidade e tendem a se tornar mais rígidas, à medida que se mostram mais suscetíveis e frágeis como modelos para a compreensão da etiologia, funcionamento e terapêutica do autismo.

A visão de Hochmann nos parece interessante à medida que, ao acentuar a via contratransferencial na produção de teorias sobre o autismo, questionou o caráter cientificista destas e suas proposições como verdades imutáveis. Nestes

---

[25] Agradecemos a Bernardo Mora Trespalacios por nos chamar a atenção para este aspecto em uma conversa durante a produção deste livro.

pontos, aproximamo-nos de sua forma de abordar a questão, uma vez que pensamos as teorias como narrativas, como várias possibilidades de falar do sofrimento psíquico precoce, sempre limitadas, jamais recobrindo em todos os aspectos aquilo que se vive na experiência de convivência com essas crianças, que interrogam, surpreendem e fascinam.

No entanto, o que Hochmann não questionou, e que para nós é um aspecto fundamental, foi o conceito mesmo de autismo, que a nosso ver, como qualquer outro conceito, foi tecido a partir de certas crenças, no contexto de um tempo – o de Kanner – e no seio das interlocuções por ele estabelecidas.

Como propõe Wittgenstein[26], os conceitos desenvolvem-se em um contexto, em um determinado sistema de crenças. Quando descontextualizados, esses conceitos parecem transcender a esse contexto, e ao assumirem uma dimensão universal e atemporal, é possível atribuir-lhes um estatuto ontológico ou natural. Dessa posição, podemos transformá-los em verdades inquestionáveis e imutáveis, alicerçados em argumentos que remetem à essência do ser, à natureza, ao biológico ou qualquer outra construção que permita pensar as produções humanas para além dos limites de um contexto cultural e histórico.

Alguns exemplos da história mais recente da humanidade ilustram como alguns conceitos, puras invenções, podem assumir dimensões de verdades universais e a-históricas. A distinção

---

[26] Costa, J. F. "O mito psicanalítico do desamparo". *Ágora: estudos em teoria psicanalítica*, v. 3, n. 1, p. 25, 2000. Programa de Teoria Psicanalítica do Instituto de Psicologia da UFRJ.

clara entre homem e mulher como seres sexualmente distintos, por exemplo, que hoje nos parece naturalmente marcada pelas características biológicas de cada um, é uma invenção datada do século XVII[27]. Por mais de mil anos acreditou-se que havia apenas um sexo, o masculino, e que a mulher era um homem imperfeito. Foi só a partir do século XVII, sob a influência dos ideais de liberdade e igualdade, propagados pelas revoluções francesa e americana, que se tornou premente uma diferença de essência entre masculino e feminino, que viesse a justificar, no social, a posição desigual entre homem e mulher. Só a partir daí, um conjunto de discursos forjou uma diferença de essência entre os dois sexos.

Assim como as diferenças sexuais, também a criança, como nos mostrou Phillipe Ariès, é uma invenção recente que data do final do século XVII[28]. O mesmo acontece com a adolescência que, embora possa parecer naturalmente determinada pelas transformações biológicas e psicológicas ocorridas nesta fase, é, como conceito, uma invenção do início do século, portanto, ainda mais recente[29].

Com o autismo não foi diferente. Ele foi forjado num determinado contexto, marcado por imagens e metáforas que enfatizaram e reforçaram o lugar de impossibilidade e deficiência em que são colocadas as crianças assim diagnosticadas.

---

[27] Birman, J. "Se eu te amo, cuide-se: sobre a feminilidade, a mulher e o erotismo nos anos 80". In: Berlinck, M. T. (Org.). *Histeria*. São Paulo: Escuta, 1997. p. 109.

[28] Ariès, P. *História social da criança e da família*. Rio de Janeiro: LTC, 1978.

[29] Calligaris, C. *A adolescência*. São Paulo: Publifolha (Folha Explica), 2000.

Quando descontextualizadas, as ideias que mantêm essas crianças nessa posição tendem a se naturalizar, a serem tomadas como próprias de sua natureza e de sua patologia.

Winnicott nos surpreende com uma forma diferente de pensar quando questiona a noção de autismo em uma conferência proferida em uma sociedade para crianças autistas na Inglaterra em 1966[30], mas só publicada postumamente em 1996. Ao fazê-lo, embora sem uma intenção clara, Winnicott alinhou-se à posição de que o conceito de autismo – como outros conceitos – é uma invenção[31], forjado em um determinado contexto e, em certa medida, induziu à construção de teorias que, transformadas em sistemas de pensamento, dificultaram, e às vezes impediram, a produção de novas narrativas sobre esses sujeitos que muito cedo tiveram de enfrentar intensos sofrimentos psíquicos e encontraram soluções muito particulares para sobreviver a eles.

Winnicott nos alerta para os possíveis efeitos da produção de teorias e sua interferência nos objetos por elas criados, quando faz uma crítica ao último capítulo do livro de Rimland, *"Autismo Infantil"*[32], o qual desenvolve uma teoria sobre o autismo e afirma que ela pode ser a base para uma teoria sobre

---

[30] Winnicott, D. W. (1966) "Autismo". In: *Pensando sobre crianças*. Porto Alegre: Artes Médicas, 1997.

[31] Invenção é a palavra utilizada por Winnicott para se referir ao conceito de Kanner. Ver no artigo "Autismo", acima citado, p. 179.

[32] Rimland, B. (1964) "Infantile autism". *Brit. Med. J.* 10/9, 1966.

o desenvolvimento normal[33]. Segundo ele, neste capítulo, Rimland transforma a teoria em um sistema de pensamento, ignorando algumas outras teorias sobre o desenvolvimento inicial da criança, inclusive a psicanalítica. Com esta crítica, Winnicott obriga-nos a interrogar até que ponto, ao desenvolver teorias sobre o autismo, não criamos sistemas de pensamento que impediram uma abordagem mais matizada das crianças assim diagnosticadas, em sua singular trajetória de desenvolvimento e constituição.

É interessante assinalar como Winnicott, nesta resenha, dirige a si próprio a mesma crítica endereçada a Rimland, pondo em evidência a complexidade da relação entre teoria e clínica e o lugar paradoxal em que se situa a produção teórica em psicanálise. Obriga-nos a reconhecer que, se do nosso ponto de vista é ingênuo pensar que podemos estar com os pacientes isentos da influência de nossas teorias, é sempre prudente estarmos atentos e aceitar que elas criam fatos clínicos e podem nos induzir a equívocos grosseiros, sobretudo quando transformadas em sistemas de pensamento.

Pensamos que o fascínio que exercem sobre nós o autismo e as teorias sobre ele impediu e impede que nos perguntemos a respeito da utilidade e dos efeitos dessa invenção de Kanner para os cuidados dispensados às crianças que padecem de sofrimento psíquico intenso nos primeiros anos de vida.

---

[33] Winnicott, D. W. (1966) "Três revisões de livros sobre autismo". *Pensando sobre crianças*. Porto Alegre: Artes Médicas, 1997.

2.

CONSTRUÇÃO DE UMA PATOLOGIA

"O que é que essas crianças têm? Vocês só falam o que elas não têm![1]"

(Teresa Campello)

A gênese de um conceito: a matriz de Kanner

Na ocasião da publicação do livro *Autismos*, quando retomamos a história da construção do autismo, a princípio denominado por Kanner de "autismo infantil precoce", fez-se necessária uma leitura cuidadosa do seu artigo de 1943. As contradições que continha o texto nos surpreenderam pela semelhança que apresentavam com as nossas, sobretudo porque não tomávamos este autor como referência teórica.

Intrigadas, levantamos a hipótese de que o pensamento de Kanner havia marcado grande parte da produção psicanalítica

---

[1] Teresa Campello, psicóloga, professora da UFPB, é colaboradora do CPPL e nos acompanha em nossos esforços do que chamamos de subjetivação do psicanalista: a sua escrita. Esta frase de Teresa Campello norteou, para além deste capítulo, a produção deste livro.

sobre o autismo, apesar de ser rara e parcamente mencionado nos trabalhos dos psicanalistas. Além do mais, é relevante o fato de que seus artigos, publicados originalmente em inglês, só tenham sido traduzidos em outras línguas a partir da década de oitenta. Chamou também a atenção que nenhum dos autores, nos mais de mil trabalhos publicados sobre autismo até 1978, apontasse ou analisasse as contradições presentes no artigo de Kanner de 1943 e que as conclusões ali apresentadas só fossem questionadas bem mais tardiamente, depois dos anos oitenta[2].

As marcas do texto de Kanner parecem presentes na maioria das construções teóricas dos analistas que escreveram sobre o autismo, e como na brincadeira de criança do "telefone sem fio", cada um entendeu e transmitiu a "imagem" acústica que ressoava do artigo, tecendo com os próprios fios o quadro do autista. Essa possibilidade de construir vários autistas já estava dada pelo próprio texto, como nos diz Gérard Berques, ao se referir à descrição da síndrome de autismo infantil precoce e a Kanner, como inventor:

> O que faz a riqueza do conceito de AIP de Kanner é também a sua falha metodológica. Com efeito, o autismo é, em momentos diferentes, uma síndrome clínica e uma síndrome psicopatológica, um distúrbio biológico inato e uma disfunção biológica total, psíquica e social, cuja origem pode ser psicogenética ou inata. Do ponto de vista nosológico, a AIP

---

[2] Berques, G. *L'autisme infantile*. Paris: Presses Universitaires de France, 1983. p. 49.

AUTISMO: CONSTRUÇÕES E DESCONSTRUÇÕES

pode ser considerada como fazendo parte da esquizofrenia infantil ou, ao contrário, ser considerada uma síndrome específica. Tudo isso com uma mesma e única descrição clínica, que não variou ao longo destes últimos trinta anos...

E continua o autor:

Não se pode deixar de reconhecer o caráter genial dessa descrição do autismo que permite tão numerosos pontos de vista, todos diferentes entre si. Todavia é difícil saber o que de fato o AIP significava para Kanner[3].

Vejamos mais de perto o artigo de Kanner[4], no qual conceitua uma nova síndrome psiquiátrica, utilizando para isso os relatos clínicos de onze crianças.

A leitura do texto inaugural de 1943[5] mostra como Kanner estava na vanguarda das pesquisas e do pensamento da época sobre os primórdios da vida psíquica e atento à sua clínica. Enquanto pesquisava sobre o autismo, Kanner manteve contatos com alguns psicanalistas e em especial com Margareth Mahler, num contexto em que era forte a tendência a pontuar a importância das interações mãe-bebê na constituição da vida

---

[3] Idem, p. 49.

[4] Durante a elaboração desse texto, Kanner era diretor da Clínica de Psiquiatria Infantil do John Hopkins Hospital em Baltimore.

[5] Kanner, L. Os distúrbios autísticos do contato afetivo. (1943). In: Rocha, P. (Org.). *Autismos*. São Paulo: Escuta, 1997.

psíquica e nos processos de desenvolvimento. Ao denominar de precoce o distúrbio que descrevia, acenando com a possibilidade de dor psíquica nos bebês e crianças muito pequenas – o que era uma inovação, pois até então era impensável que crianças de tenra idade pudessem apresentar sofrimento psíquico – Kanner ocupou um lugar de muito destaque e interesse, num cenário onde as pesquisas sobre a constituição do psiquismo e das relações primárias constituíram um campo específico e privilegiado para psiquiatras e psicanalistas.

No entanto, uma leitura mais cuidadosa deste texto revela suas inúmeras incoerências, e mostra como Kanner construiu uma matriz contraditória que induziu à crença de que as crianças por ele denominadas autistas apresentam impossibilidades e incapacidades inatas. O efeito mais contundente e paradoxal desta matriz foi o de incrustá-las na deficiência e na estranheza, quando sua intenção era retirá-las do âmbito da oligofrenia e da esquizofrenia. A análise da origem do termo autismo possibilita-nos pensar sobre o efeito dessa manobra que, paradoxalmente, incrustou as crianças na deficiência e na estranheza.

A origem do termo autismo

Como sabemos, este termo foi usado por Bleuler[6] pela primeira vez em 1911, para descrever um dos sintomas da

---

[6] Roudinesco, E. (1986). *História da psicanálise na França*. Rio de Janeiro: Jorge Zahar, 1989. p. 127.

esquizofrenia no adulto. Do nosso ponto de vista, o emprego feito por Kanner deste termo, diferentemente de Bleuler, foi uma das razões para a construção das ideias de impossibilidade e de deficiência, presentes nas metáforas utilizadas pelos psicanalistas mais tardiamente.

A definição de Bleuler pode ser entendida no âmbito da célebre discórdia instalada entre Freud e Jung acerca da sexualidade, como traço predominante na constituição do psiquismo. Como nos mostram as várias versões da história da psicanálise, Freud criou arestas com Bleuler e Jung quando formulou as ideias de pulsão sexual e do autoerotismo. Ao definir o conceito de autismo, Bleuler postulou um equivalente do autoerotismo: investimento em si mesmo sem que seja da ordem da sexualidade nem da libido. Subtrair Eros do autoerotismo foi, portanto, a solução que Bleuler encontrou para resolver suas divergências com Freud.

Em suas conversas com o mundo da psiquiatria, Bleuler se diferenciava de Kraeplin ao postular que as capacidades afetivas e cognitivas dos pacientes, chamados por ele de esquizofrênicos, não são atingidas pela dissociação, mas apenas perturbadas na sua expressão ou no seu funcionamento. Segundo ele, essas capacidades em tais pacientes podem reaparecer intactas desde que levantada a "barreira" autística. Ao propor a esquizofrenia como um novo quadro nosológico, diferenciando-a da demência, Bleuler devolveu aos loucos o espírito.

Bleuler definiu a "barreira" autística como um interesse acentuado na vida interior em detrimento do mundo exterior, o que poderia resultar, segundo ele, na criação de um mundo próprio, fechado, inacessível, impenetrável:

> Os esquizofrênicos mais graves, que deixam de ter qualquer contato com o mundo, vivem num mundo muito pessoal. *Fecharam-se em sua concha*, com seus desejos e anseios (que consideram preenchidos) ou ocupam-se das provações e tribulações decorrentes de sua mania de perseguição; na medida do possível cortaram qualquer contato com o mundo externo. Denominamos autismo ao afastamento da realidade aliado ao *predomínio relativo ou absoluto de uma vida interior*[7].

Vale a pena observar como os termos "relativo ou absoluto", utilizados no fim desta citação, relativizam a fixidez desta "barreira" autística. Além do mais, Bleuler defende uma possibilidade de comunicação entre os dois mundos criados pelo sintoma autístico:

> Eles vivem num mundo imaginário, feito de todo tipo de realizações de desejos e de ideias persecutórias. Mas esses dois mundos são realidade para eles: às vezes eles podem, de maneira consciente, distinguir entre os dois. Em certos casos o universo autístico parece-lhes mais real, o outro é um mundo de aparência[8].

---

[7] Bleuler, E. (1913). "L'invention de l'autisme". *Analytica: Cahiers de Recherche du Champ Freudien*. 51. Paris: Navarin,1988. p. 25.

[8] Idem, p. 25.

Como vimos, a descrição feita por Bleuler do sintoma autístico na esquizofrenia era bastante matizada e permitia supor vários níveis de abertura e fechamento em relação ao mundo externo, à realidade e ao investimento libidinal. Kanner, no entanto, valorizou a vertente da impossibilidade da comunicação, da linguagem e do contato afetivo. Ao enfatizar os aspectos da deficiência e da falta, presentes na noção de Bleuler, aproximou-se mais das posições de Kraeplin e retirou a alma dos autistas, embora o seu intuito fosse distingui-los dos esquizofrênicos e dos deficientes mentais. A alquimia feita por Kanner terminou por deixar o mundo interno dos autistas despovoado e vazio de interioridade, ao mesmo tempo que os isolou do mundo externo.

Primeiras contradições de Kanner

Ao descrever os onze casos no seu artigo "prínceps", Kanner, como um bom clínico – ao mesmo tempo próximo à psicanálise e às discussões sobre o início da constituição psíquica –, revela-se fascinado pelas proezas destas crianças que não condiziam com as ideias de um mundo vazio e despovoado. É curioso observar as contradições em que Kanner foi lançado ao teorizar a sua clínica com essas crianças que, segundo ele, padeciam de um distúrbio do contato afetivo, e que mais tarde ele chamou de autistas. As suas formulações sobre a linguagem dessas crianças ilustram com clareza essas ideias contraditórias.

Embora surpreso com a inacreditável capacidade de memorização de seus pequenos pacientes, Kanner escreveu:

> O vocabulário incrível das crianças que adquiriram a linguagem, a excelente memória para acontecimentos ocorridos há vários anos, a fenomenal capacidade de decorar poemas e nomes e lembrar-se precisamente de sequências e esquemas complexos, testemunham uma boa inteligência no sentido comumente aceito deste termo[9].

Kanner acreditava que elas não tinham capacidade de desenvolver uma verdadeira linguagem e não eram capazes de se comunicar. Mas, ao mesmo tempo, conta que "a babá de Richard, uma vez, ouviu-o, por acaso, dizer claramente: "Boa Noite"; o ceticismo, completamente justificado quanto a esta observação, desapareceu mais tarde quando esta criança "muda" foi vista formando com os lábios palavras repetidas silenciosamente...[10]"

Apesar desta observação, concluiu o seu texto de 1943 negando a capacidade de as crianças se comunicarem e terem linguagem, utilizando em vários momentos uma contundente metáfora ao escrever que "quando as frases são, finalmente,

---

[9] Kanner, L. (1943). "Os distúrbios autísticos do contato afetivo". In: Rocha, P. (Org.). *Autismos*. São Paulo: Escuta, 1997. p. 165.

[10] Idem, p. 159.

formadas, permanecem por um longo tempo combinações de palavras ouvidas e repetidas como um papagaio"[11].

No entanto, três anos depois, em seu texto de 1946[12], retornou à questão da linguagem e sugeriu que não se pode afirmar a ausência de sentido da linguagem na síndrome do autismo infantil precoce. Reafirmando sua surpresa diante do que chamou de "inacreditável capacidade poética e criadora" dessas crianças, Kanner defendeu que embora pareçam fora do contexto e sem sentido, as palavras e frases emitidas pelas crianças tiveram um sentido quando originalmente pronunciadas, hipótese que ele já havia lançado no artigo anterior. Ligadas às situações específicas em que foram primeiramente emitidas, tornam-se incompreensíveis fora deste contexto.

Um exemplo: Donald, a primeira dentre as onze crianças descritas no artigo de 1943, disse a palavra "sim" pela primeira vez em uma situação em que seu pai brincava de colocá-lo nas costas e passou a usá-la sempre que desejava que isso acontecesse de novo. O "sim" passou a significar "ser colocado no ombro pelo pai". Para quem não tivesse acesso à situação originária de brincadeira, essa palavra soaria como algo fora do contexto e desprovida de qualquer significação. Nesse tipo de linguagem ocorre, segundo Kanner, um processo de substituição metafórica, mas, diferente das metáforas utilizadas na poesia e na linguagem convencional, o sentido só pode ser recuperado

---

[11] Idem, p. 159.

[12] Kanner, L. "Irrelevant and metaphorical language in early infantile autism". *Am. F. Psychiat.*, 1946.

se for possível o acesso às situações em que as palavras foram originalmente pronunciadas: em geral, situações afetivas vividas pelas crianças. A conclusão final a que chega Kanner é que a linguagem dos autistas é metafórica e seus processos linguísticos não diferem dos empregados pelas pessoas em geral. Acrescentou, no entanto, que os enunciados dessas crianças são reconhecidos como pertencentes a uma língua estrangeira e necessitam, consequentemente, de tradução.

Uma das interpretações desta posição contraditória de Kanner em relação à linguagem foi aventada por Marie Christine Laznik-Penot ao sugerir que se poderia falar de dois Kanner: o de 1943, que nega a linguagem ao autista e o de 1946 que afirma a linguagem destas crianças e a define como linguagem metafórica. Esse segundo Kanner, sugere Laznik-Penot, parece ter sido esquecido pelos autores que se ocuparam do autismo, enquanto o primeiro marcou decisivamente várias gerações de pedagogos, terapeutas e psicanalistas, ao longo destes cinquenta anos[13].

Estamos de acordo com Laznik-Penot, quando sugere que o Kanner que afirmou a linguagem foi esquecido e relegado, mas não concordamos que se possa falar em dois Kanner, porque já em seu artigo "princeps" fica visível que ele transita todo o tempo entre essas duas posições: presença ou ausência de linguagem. O que nos parece é que sempre houve um Kanner às voltas com a contradição imposta pela observação clínica

---

[13] Laznik-Penot, M.-C. *Rumo à palavra*. São Paulo: Escuta, 1997.

das crianças que surpreendiam e relutavam, com seu jeito de ser, a se submeterem ao constrangimento imposto pelo conceito de autismo de Bleuler, apreendido pela via da deficiência, insuficiência ou falta: de comunicação, de linguagem e de contato afetivo.

Essa posição de Kanner teve graves consequências, pois, na hora em que se aceita que as crianças não falam e não se comunicam, e isso for entendido como uma lei da natureza, elas podem escrever tratados e fazer poesias que de nada lhes adiantará – nem para receber um copo de água. Radical essa nossa afirmação? Infelizmente não!

A cena de uma sessão de Manuel, um garotinho de três anos, e seu pai, nos parece uma boa ilustração do que estamos falando. Ele havia iniciado o seu tratamento no CPPL e participava do grupo psicoterapêutico em que estão presentes no início da sessão, além das crianças, os seus pais. Um dia, ao entrar na sala, Manuel jogou pelo chão todos os brinquedos guardados num cesto. Olhava fixamente para eles sem esboçar nenhum movimento. A analista do grupo exclamou: "Eita! Caiu!", e dirigindo-se a ele disse: "Vamos apanhá-los?" Manuel prontamente recolheu todos os brinquedos e, transformando o acontecido em uma brincadeira, voltou a derrubá-los e apanhá--los, achando graça nos "eitas" e "caius" da analista. Logo em seguida os pais foram convidados para uma outra sala, onde se deu continuidade à sessão iniciada com as crianças"[14]. O pai de

---

[14] A partir de 1989 introduzimos no trabalho com as crianças o que chamamos na época de "Grupo Família". Nesses grupos os pais participam de uma parte da

Manuel nada comentou sobre o que presenciou. Até que um dia falou o seguinte: "não gostava de vir para esse grupo, não sabia o que vinha fazer aqui. Mas agora já entendo. Aqui nós podemos ver nossos filhos de outra maneira. Desde o dia em que descobri que Manuel podia entender o que se dizia para ele – referia-se ao dia em que a psicanalista convidou Manuel a apanhar os brinquedos – tudo mudou entre mim e ele. Eu sempre achei que não adiantava pedir nem mandar ele fazer as coisas porque ele não entenderia mesmo. O grupo tem me ajudado muito a viver com Manuel".

Na origem do autismo: pais "intelectuais", mães "geladeiras"

Vejamos outras contradições presentes no artigo de Kanner. Quando ele definiu o que chamou de distúrbio patognomônico da síndrome do autismo, escreveu:

> Devemos, portanto, supor que estas crianças vieram ao mundo com uma incapacidade inata de estabelecer o contato afetivo habitual com as pessoas, **biologicamente**[15] previsto,

---

sessão do grupo das crianças e em seguida são acompanhados pelo terapeuta dos pais a um outro espaço, onde dão continuidade à sessão.

[15] O negrito é nosso.

exatamente como as outras crianças vêm ao mundo com deficiências físicas ou intelectuais[16].

Dessa forma, retirou as dificuldades destas crianças do âmbito do psíquico e as colocou no do biológico. Alguns parágrafos antes, no entanto, o mesmo Kanner afirmava que os pais dessas crianças tinham muitas dificuldades para cuidar dos filhos, e se perguntava até que ponto isso contribuiu para a formação dos sintomas que apresentavam. "Na maioria dos casos, os pais, avós e colaterais são pessoas muito preocupadas com coisas abstratas, sejam elas de natureza científica, literária ou artística, e limitadas no interesse autêntico que têm para as pessoas. Mesmo nos casamentos mais felizes permanecem relações mais frias e formais[17]".

Apesar das descrições dos casos indicarem que ele manteve um bom contato com os pais dos seus pequenos pacientes, Kanner traçou para eles um perfil de "mães emocionalmente frias" e de "pais intelectuais" que investiam mais na observação do seu bebê do que no contato com ele. Essas "características" dos pais vão permanecer por muito tempo como um traço a ser levado em conta para o diagnóstico do "autismo infantil precoce" e por mais de trinta anos estabeleceram-se ligações entre essa patologia e "pais intelectuais", tanto em neuropsiquiatria como em psicanálise. Crenças como estas reinavam ainda nos

---

[16] Kanner, L. (1943). "Os distúrbios autísticos do contato afetivo". In: Rocha, P. (Org.). *Autismos*. São Paulo: Escuta, 1997. p. 170.

[17] Idem, p. 170.

anos setenta na França, quando o fato dos pais de uma criança serem intelectuais, amantes das leituras ou da cultura em geral, falava fortemente a favor do diagnóstico de autismo.

Por outro lado, não devemos nos surpreender se, no momento em que Kanner afirmou que as crianças autistas não estabeleciam contato afetivo, entendeu-se e se passou a aceitar que elas eram desprovidas de qualquer sentimento e da capacidade de sentir. Talvez por isso seja tão frequente que as expressões de sentimentos como raiva, alegria ou tristeza, sejam geralmente interpretadas como mal-estares físicos. Os pais e profissionais, obliterados por essas ideias, não conseguem se implicar nem reconhecer as demonstrações de afeto das crianças.

A conjunção das ideias de pais frios e distantes com a de crianças incapazes de sentir, arquitetou uma das concepções mais recorrentes em psicanálise sobre a etiologia do autismo: a de que as crianças não foram objeto de um certo investimento dos pais, não foram inventadas por eles, invenção esta tida como indispensável para inseri-las no campo do psíquico, da linguagem e da cultura. Mas não é isso que nos mostra a clínica. Não se trata de uma ausência de investimento e de invenção por parte dos pais. Longe disso! Inventa-se um bebê, às vezes impossibilitado de falar, de se comunicar, de entender as mensagens do mundo, um bebê estranho, ameaçador e imprevisível, condizente, aliás, com o que dizem as teorias e crenças sobre o autismo. Ao mesmo tempo, os pais podem também se inventar estranhos e ameaçadores para seus bebês e acreditar serem incapazes de entendê-los e de satisfazê-los.

O dia a dia de nossa clínica é repleto de cenas em que essas crenças atuam com toda força:

> Beto, uma criança de cinco anos, encontrava-se há alguns meses em tratamento. Após cada sessão, sempre que chegava à sala de espera, dirigia-se a qualquer pessoa desconhecendo aparentemente sua mãe. Um dia, diferente do que costumava acontecer, Beto dirigiu-se a ela, pendurou-se em seu pescoço e encostou-lhe os lábios no rosto. A analista que se encontrava ao lado dos dois, comentou alegremente: "Ah!, que beijo gostoso, parece que estava com saudade da mamãe!" A mãe de Beto, sem olhá-la, apressou-se a esclarecer: "Não, isso não é beijo, isso não é nada, é só lambida. Ele às vezes faz isso". Beto deslizou do pescoço da mãe e retomou seu antigo perambular sem rumo pela sala.

Vale ainda salientar o caráter muito particular dessas invenções. Não é raro que, com o tempo, elas se tornem rígidas como algumas crenças que terminam por sofrer uma naturalização quando descontextualizadas; e além do mais engendram um discurso muito frequente, em que tudo o que acontece com a criança é atribuído à "doença" de que supostamente é acometida, causando uma certa cegueira e uma surpreendente surdez para os dados da experiência.

Uma outra cena, a de uma sessão de grupo de pais, ilustra essa tendência à naturalização das crenças a que estamos nos referindo. Cláudio, um dos pais, comentava:

*"Os meninos têm muitas manias e isso é próprio da doença".
A última "mania" de Márcio, seu filho, era deitar sobre a mãe,
levantar-lhe a saia e balançar-se sobre ela. Cláudio só se deu
conta dos sentidos que poderiam ser atribuídos a tal "mania"
quando um outro pai deu uma sonora gargalhada dizendo que
Márcio não tinha nada de besta. Ele riu, surpreso, e disse nada
ter falado ao filho até então, porque, segundo entendia, nada do
que falasse teria efeito, uma vez que o que ele fazia era próprio
de sua "doença".*

Essas situações clínicas demonstram como as construções acerca dos pais dos "autistas", tanto em psicanálise quanto em psiquiatria, foram forjadas e marcadas por metáforas como as das "mães geladeiras", "mães deprimidas" que não investem em seus filhos. As três cenas que acabamos de descrever ressaltam toda a complexidade desse jogo. Ou seja, os pais, marcados pelas metáforas, crenças e teorias sobre o autismo, as atualizam e as confirmam no contato com seus filhos. Essas atualizações são interpretadas pelos profissionais como comprovação das mesmas. Vale interrogar se não foram essas mesmas construções que permitiram que se colocasse em questão a existência da linguagem e do sujeito no "autismo".

O suposto biológico e seus desdobramentos

Como vimos, Kanner estabeleceu uma estreita relação entre as características dos pais das crianças autistas e a etiologia do autismo, apesar de afirmar, ao mesmo tempo, tratar-se de uma incapacidade inata. Compreendemos que, para Kanner, a clínica apontava a relação com os pais na construção dessa patologia, no entanto, ao teorizá-la, formulou-a pela via do inato. O último parágrafo de seu artigo de 1943, citado anteriormente, é incisivo no sentido de afirmar a determinação biológica e o caráter inato da síndrome do autismo.

Talvez a direção tomada por Kanner para afirmar a supremacia do biológico e do inato em sua síndrome, no parágrafo conclusivo de seu artigo, possa ser interpretada através da leitura do trecho que o antecede.

> A questão que se coloca é saber se, ou até que ponto, este fato [a forma de ser e de se relacionar dos pais] contribuiu para o estado da criança. O fechamento autístico extremo destas crianças desde o princípio de sua vida torna difícil atribuir todo este quadro exclusivamente ao tipo de relações parentais precoces de nossos pacientes[18].

Ora, esse trecho parece mostrar como as relações entre o modo de ser dos pais e o desenvolvimento da patologia da criança só puderam ser interpretados como relação de causa e efeito, o que é uma exigência e um modo de proceder da ciência positivista que marcou, e marca até hoje, algumas práticas e teorizações nos campos da psiquiatria e da psicanálise. Qualquer

---

[18] Idem, p. 170.

relação que se estabelecesse, então, entre os pais e a patologia dos filhos tornava-os culpados, levando-os posteriormente, com toda razão, a reagirem bravamente a essa interpretação[19]. Sem poder distinguir, pela limitação de seus referenciais teóricos, entre a implicação dos pais com suas contingências nos processos de subjetivação dos filhos e a culpa, decorrente de uma concepção determinista que os tornaria causadores diretos da patologia, Kanner não teve como sustentar que o autismo era adquirido. Afirmá-lo como uma patologia inata permitia retirar os pais de uma posição injusta e cruel; no entanto, ao fazê-lo, desresponsabilizou-os e desimplicou-os, como chamou a atenção Maria Cristina Kupfer[20], dos destinos subjetivos dos filhos, aproximando-se de algumas tendências presentes nas neurociências que reduzem as crianças a "problemas de neurotransmissores", "distúrbios metabólicos" ou outras "estranhas entidades" do gênero.

Recentemente, enquanto participávamos de um Simpósio, organizado por psicanalistas, ouvimos o relato de um caso clínico que nos deixou tocadas e ilustra o que estamos falando:

> Maria, durante as consultas do acompanhamento pré-natal, só falava das dificuldades com seu marido, pouco ou quase nunca aludindo ao bebê que estava prestes a chegar. Os profissionais que a acompanhavam, preocupados com ela e o pós-parto,

---

[19] Ribas, D. *Un cri obscure*. Paris: Calmann Lévy, 1992. p. 53.

[20] Kupfer, M. C. "Psicose e autismo na infância: problemas diagnósticos". In: *Estilos da Clínica*. Instituto de Psicologia da Universidade de São Paulo, v. 4, n. 7, 1999.

colocaram uma estagiária do serviço à disposição para visitas domiciliares após o nascimento do bebê. Logo foram informados do visível desinteresse da mãe e do restante da família, inclusive dos irmãos e primos, para com a recém-nascida. Todos se limitavam a cuidar da pequena Rosa de forma rápida e mecânica. Após algumas semanas o bebê começou a ficar quieto e pouco interessado no seu entorno, sem reagir à presença e aos cuidados maternos. A equipe que acompanhava Maria através das visitas desta ao serviço e dos relatórios da estagiária pôde constatar o sofrimento, tanto da mãe, absolutamente presa nas dificuldades do seu casamento, quanto da pequena Rosa, cada vez mais isolada e quieta, sem chamar a atenção de ninguém da família. Parecia instalar-se um desconhecimento da existência de Rosa. A equipe fez várias tentativas de mobilização dos familiares sem obter resultado, até que uma prima do interior veio morar com a família e, segundo a estagiária, se apegou muito à bebê. Sua presença e apego conseguiram romper o 'círculo mágico' do isolamento que parecia ter sido criado ao redor dela, de modo que os irmãos voltaram a se interessar e brincar com a irmã. A bebê saiu do isolamento e aos poucos começou a dar sinais de vitalidade e desenvolvimento psíquico.

Em qualquer serviço para o tratamento de "crianças autistas", a história dessa paciente, mais a sintomatologia apresentada pelo bebê, poderia selar um diagnóstico de autismo. Se o enfoque fosse psicanalítico, possivelmente seriam levantadas hipóteses acerca da estrutura psíquica da mãe, de sua incapacidade de investimento nesse bebê, assim como da ausência do pai para dar sustentação ao par mãe-bebê. Ao bebê seriam também atribuídos os sintomas que o marcariam como autista. Acontece que o cuidado dispensado ao bebê por uma pessoa atenta e disponível, no caso a prima, e o apoio dispensado pelos profissionais que acompanharam a mãe desde a gravidez, possibilitaram um outro desfecho para a história dessa criança.

O caso de Maria nos ajuda, portanto, a demonstrar a fragilidade do determinismo e da causalidade, seja de ordem biológica ou psíquica, quando se pensa sobre as perturbações no desenvolvimento de uma criança. Como bem diz Loparic acerca do que propõe Winnicott sobre o homem: "a integração do existir humano no tempo não se explica causalmente, nem mesmo pertence completamente ao domínio do dizível. Para se firmar numa vida que valha a pena ser vivida, o homem depende essencialmente da sorte e de favores imprescritíveis"[21].

O mesmo enquadramento teórico que parece ter levado Kanner a fazer tais afirmações em relação à etiologia do autismo induziu-o a generalizações apressadas e equivocadas ao teorizar sobre a sua clínica. Vejamos. Kanner iniciou o seu artigo com o seguinte parágrafo:

"Desde 1938 nossa atenção foi atraída por um certo número de crianças cujo estado difere tão marcadamente e

---

[21] Loparic, Z. "Psicanálise: uma leitura heideggeriana". Texto não publicado, gentilmente cedido pelo autor. Sobre este mesmo tema, ver: Loparic, Z. "Heidegger and Winnicott". *Natureza Humana: Revista Internacional de Filosofia e Práticas Psicoterápicas*. São Paulo: Programa de Estudos Pós-Graduados em Psicologia Clínica da PUC-SP / Educ,1 (1), 1999

distintamente de tudo que foi descrito anteriormente, que **cada caso**[22] merece – e espero que acabe por receber – **uma consideração detalhada de suas fascinantes particularidades**"[23], mas termina seu artigo descrevendo um quadro psiquiátrico, uma síndrome, seguindo as mais tradicionais tendências de generalização e classificação presentes na psiquiatria clássica.

Diante desta contradição, só podemos concluir que, embora tenha aberto a questão com a lucidez do clínico, considerando que não é possível reduzir a descrição daquelas crianças aos sintomas bem arrumados e quantificados, à classificação, Kanner confrontou-se mais uma vez com os limites de sua disciplina e com as exigências da ciência de seu tempo. Questionar a utilidade da classificação e das generalizações era uma impossibilidade tanto em psiquiatria como em psicanálise, uma vez que na época a descrição de novos quadros nosográficos validava tanto a psiquiatria dinâmica como a psicanálise de criança. Por mais que hoje estejamos inclinados a frisar, com muita veemência, que as classificações ou qualquer generalização universalizante em psicanálise entra em contradição com seus preceitos, nos é impossível não levar em conta o contexto do artigo de Kanner e dos psicanalistas de então. As lutas travadas por eles eram outras: a da comprovação da eficácia do método psicanalítico, da validação da psicanálise

---

[22] O negrito é nosso.

[23] Kanner, L. (1943) "Os distúrbios autísticos do contato afetivo". In: Rocha, P. (Org.). *Autismos*. São Paulo: Escuta, 1997.

de criança e da psiquiatria dinâmica, através de bons critérios de classificação, típicos da ciência daquela época.

Do ponto de vista metodológico, Kanner foi coerente ao descrever cada criança para diferenciá-las das outras e mostrar cada uma delas na sua singularidade. Mas, ao que parece, acabou sucumbindo à necessidade da classificação e as "particularíssimas diferenças de caso a caso" viraram traços comuns para criar um novo quadro psicopatológico. Podemos dizer que, no fim do artigo, Kanner rendeu-se às exigências da ciência de seu tempo e criou uma nova patologia, universalizando o sofrimento precoce do ser humano pelo viés de sua singularidade. O que as crianças estudadas por Kanner tinham em comum era exatamente a singularidade de cada uma[24]. Por essa característica foram classificadas primeiramente como portadoras de um "distúrbio autístico do contato afetivo" e, em seguida, como autistas.

Nesse sentido, os escritos de Kanner são um bom exemplo de como as tentativas de teorização da clínica podem comprometer os achados clínicos pelo constrangimento de esquemas teóricos preestabelecidos. Marcado, por um lado, pela leitura do conceito de autismo de Bleuler – sobretudo nos aspectos da impossibilidade – e, por outro, pela tradição psiquiátrica com suas exigências de generalizações e classificações nosográficas,

---

[24] O que as crianças têm em comum é que são únicas e singulares em aspectos em que nós, outros, somos semelhantes. Nós somos únicos, porém nunca sozinhos, sempre há mais alguém, e isso é um dado a partir do qual pensamos e vivemos o nosso estar no mundo.

Kanner entrou em contradição em relação à sua clínica e criou um problema para si e para toda uma descendência de psiquiatras, neurologistas, pedagogos e psicanalistas que cuidaram e cuidam das crianças denominadas autistas e de seus pais. As teorias sobre o autismo ficaram cada vez mais azeitadas, tornou-se difícil questioná-las em sua lógica interna pela clínica e, portanto, não se duvidou da utilidade da definição do autismo como um quadro psicopatológico. Tornou-se, assim, impossível concluir o óbvio: Kanner estava equivocado, no mínimo no quesito "teoria da clínica".

Veremos a seguir como todos nós, psicanalistas e psiquiatras, seguimos e perpetuamos esse equívoco. A clínica do autismo ficou submetida às descrições psicopatológicas que enfatizam o déficit, a deficiência e as impossibilidades daquelas crianças que enfrentaram intenso sofrimento psíquico nos primeiros tempos de suas vidas e estão no mundo de forma tão particular.

Consequências da matriz kanneriana: o autista, um estranho sem mundo psíquico

Uma rápida incursão na lista dos traços tomados como sintomas indicadores do autismo no campo da psiquiatria infantil nos levaria a concluir que essas crianças não são gente, pois não têm linguagem, não falam e quando falam são papagaios: suas falas são repetitivas e não têm sentido, não mantêm relações com as pessoas e nem com o mundo, não mantêm contato afetivo, não reconhecem seus próprios pais, não apresentam movimentos antecipatórios, não olham, não brincam, não dormem, não comem, não entendem...

Essa série infindável de sintomas reafirma a crença entre psiquiatras, neurologistas e educadores de que crianças autistas são incuráveis. Duvida-se com frequência da pertinência do diagnóstico de autismo quando uma dessas crianças obtém êxito no tratamento psicanalítico, pois, afinal, "autista de verdade", rezam as crenças, são aqueles que, mesmo em tratamento intensivo, não obtêm nenhuma melhora. Não são poucas as vezes em que, quando se fala das capacidades de uma destas crianças, se ouve imediatamente o comentário: "Ah! então ela não é autista"[25]. Até os pais e familiares das crianças, muitas vezes, nos surpreendem com afirmações desse tipo e quando o filho demonstra uma evolução favorável, dizem claramente que se ele fosse autista de verdade não teria apresentado evolução alguma. Essa reação dos pais fica mais compreensível quando testemunhamos seus relatos desesperados sobre o que

---

[25] Sobre isso é muito interessante nos reportarmos à entrevista concedida por Francis Tustin ao psicanalista Eduardo Vidal ("O autismo". *Letra Freudiana*, v. 14, n. 14. Rio de Janeiro: Revinter, 1995), em que fala sobre este assunto e, remontando à sua experiência ainda na década de 50, sugere que a crença de que o autismo não tem cura desenvolveu-se simultaneamente à sua invenção. "Os behavioristas", diz Tustin, são tão poderosos que estão sempre na televisão e no rádio. Eles dizem que as crianças autistas não podem ser tratadas. Então eu digo que já tratei algumas e que elas melhoraram e eles replicam que não podem ser crianças autistas. Somente agora eles estão começando a me escutar um pouquinho e a considerar minha posição porque todas as crianças de que tratei, todas menos uma, foram vistas pela doutora Mildred Creak e ela era uma autoridade internacional no diagnóstico do autismo. Sendo assim, eles não podiam argumentar que elas não eram autistas, pois haviam sido diagnosticadas por alguém que não era psicanalista e sim psiquiatra".

leram nos jornais e revistas de grande circulação, ouviram na televisão ou nas palestras organizadas por especialistas ou por associações dos pais ou dos amigos de autistas: o autismo é incurável, os autistas são impenetráveis e incomunicáveis. Contraditoriamente, há sempre o relato de uma última novidade terapêutica e milagrosa que vai do adestramento mais radical ao tratamento com cavalos e golfinhos; da supressão do leite na dieta das crianças até estranhas terapias "amorosas".

O lugar que ocupa "o autista" no imaginário cultural, as narrativas construídas em seu redor, parecem tornar difícil, ou quase impossível, reconhecer nele qualquer habilidade e, como já sugerimos, essas narrativas parecem marcadas pela sua certidão de batismo que o definiu como um distúrbio que impossibilita o contato afetivo, o desenvolvimento da linguagem e do pensamento. A afirmação conclusiva de Kanner no artigo de 1943 de que no autismo há uma incapacidade inata para estabelecer contato afetivo parece ter sido determinante para a "logomarca" do autismo: uma estranha incapacidade de ser um semelhante.

O que acabamos de expor é bem exemplificado pelas palavras do Dr. Bartak, psiquiatra inglês, no prefácio do livro de Donna Williams, *Se me tocam deixo de existir*[26] sobre a origem do autismo. Diz Bartak:

---

[26] Wiliams, D. *Si on me touche, je n'existe plus*. Paris: Robert Laffont,1992, p. 13-17.

Podemos ter **razoáveis certezas**, de que a origem dessa síndrome não deve ser atribuída ao mal comportamento dos pais, mas seguramente a uma anomalia do desenvolvimento cerebral ocorrida antes do nascimento ou na primeira infância, decorrente de diversas razões. Os autistas não são necessariamente deficientes mentais e são relativamente aptos a executar algumas tarefas.

Concluiu o texto dizendo:

Esse livro é um canto da vitória. Leiam e subscrevam a luta de Donna, que permitiu que a sua humanidade vencesse os seus problemas...[27]

Para o Dr. Bartak, a humanidade de Donna, não fosse o seu enorme talento e sua enorme coragem, teria sido perdida e ela reduzida à sua condição de autista, o que a colocaria fora da espécie humana e da cultura. Foram essas e outras "razoáveis certezas" que respaldaram, e respaldam até hoje, muitas linhas de tratamento para estas crianças. Através de métodos como os de adestramento ou condicionamento, uma espécie de "fisioterapia cerebral", pretendia-se e ainda hoje se pretende, para as crianças assim diagnosticadas, apenas uma reeducação voltada às tarefas da vida cotidiana. Ser um pequeno robozinho adestrado, cuidadosamente programado, tornou-se um – quem

---

[27] Idem, 13-17.

sabe o único – destino aceitável para essas crianças estranhas, julgadas como despossuídas de intersubjetividade e por isso mesmo consideradas "aleijadas" e alijadas da razão, dos sentimentos e da humanidade[28].

Kanner parece não ter pensado como o Dr. Bartak, mas, ao conceber as dificuldades das crianças que denominou autistas como um *distúrbio inato do contato afetivo*, igualando-o aos distúrbios de visão, de audição e de inteligência, conseguiu diferenciá-las dos débeis mentais, dos surdos e dos cegos. Mas esse seu procedimento teve um efeito inesperado e indesejado: dificultou a invenção destas crianças como semelhantes.

Interrogando Kanner com a clínica

Vários autores, entre eles o próprio Kanner, mesmo sem questionarem a síndrome tal como foi postulada, encontraram em sua clínica crianças que, mesmo com o diagnóstico de autismo, não correspondiam à imagem dos autistas, tal como foram descritos.

Também em nossa clínica nos deparamos com crianças que pareciam "incapazes" de enxergar uma pessoa à sua frente e surpreendentemente se mostravam "capazes" de perceber e pegar um fiapo caído a metros de distância. Ou que, aparentemente

---

[28] Sobre a utilização de um dos métodos de condicionamento a que nos referimos, ver fita produzida pela AMA (Associação dos Pais e Amigos dos Autistas), que pode ser adquirida nas sedes dessas associações.

impossibilitadas de se manterem equilibradas numa cadeira ante a mesa de jantar, eram "capazes" de dar piruetas no ar, dignas de um verdadeiro bailarino.

Crianças, como Silvano,

> [...] *que escrevia, incansavelmente, repetindo no quadro negro da sala de terapia de grupo o que estava escrito nas portas das repartições públicas por onde passava com sua mãe [...] Com todo seu perfeccionismo "queria porque queria" que sua letra fosse igual àquelas impressas nas portas e era incansável na realização desta árdua tarefa. Um dia, quando não sabia que estávamos por perto e que estávamos atentos ao que fazia, ele leu em voz alta o que havia escrito, mas quando percebeu nossa presença e nosso interesse, parou. Foi assim, por acaso, que soubemos que ele não memorizava, como pensávamos, fotograficamente, o que estava escrito nas portas, mas que ele, de fato, sabia ler, escrever e falar. Nós e seus pais descobrimos, assim, que a linguagem deste mocinho era para lá de desenvolvida mas que ele se recusava a utilizá-la para falar conosco ou com eles.*

Ou como Maria,

> [...] *que aparentemente incapaz de se comunicar, quando foi avisada a respeito das férias de sua analista cantou: "ai que saudade de tu meu desejo..."*

Como dizer que Maria nada entendia?

Mas Maria e Silvano não são únicos. Outras crianças colocaram também em questão o pressuposto que definia o autismo infantil precoce como: "distúrbio autístico do contato afetivo". Em um dos grupos que compõem o nosso dispositivo terapêutico, fomos atores da seguinte cena:

> Eram quatro crianças de cinco a seis anos e como acontece nesse tipo de grupo trabalhavam duas terapeutas e um estagiário. Uma das terapeutas estava sentada enquanto o estagiário e a outra terapeuta ocupavam-se das crianças, na tentativa de desenvolver com elas alguma brincadeira. A terapeuta que permanecia sentada, envolta em seus pensamentos e seus problemas, 'desligou-se' por alguns segundos. O cafuné no seu cabelo a trouxe de volta, e descobriu-se rodeada pelas crianças: uma alisava seu ombro, outra se aconchegava em seu colo, outra se balançava em sua frente, olhando "olho no olho" com interesse. Estarrecida, agradeceu a todos o carinho e a preocupação, explicando que estava triste mas estava bem, e que haviam sido maravilhosas cuidando dela.

Como dizer destas crianças do grupo que elas correspondiam às descrições formuladas por Kanner? Vejamos Maurício,

> [...] que, ao perceber a crise de angústia do Irandé, tomou nosso lugar quando, já desalentadas de tantas vãs tentativas de ajudá--lo, desistíamos. Andando à volta de Irandé, parava, olhava, suspirava. Uma rápida olhadela para nós cheia de preocupação e interrogação foi decisiva. Aproximou-se do cesto dos brinquedos,

pegou a bola, a mesma que lhe servia para aplacar a angústia, disfarçando-se de Magic Johnson. Acocorou-se na frente do Irandé que transpirava angústia. Com uma mão batia a bola, com a outra puxava a manga de Irandé. Fisgado nos olhos de Irandé meio sorridente, meio atento, meio imperativo, batia a bola. Parou, empurrou a bola. Irandé desesperado, suando às bicas, com os cantos dos lábios contorcidos, acocorado contra a sua vontade, acreditava não acreditando em Maurício. Com o olhar viajante entre os olhos de Irandé e a bola no chão, Maurício beirava com a mão a bola, tapinhas leves, suaves na bola e [...] empurrava a bola mais um pouquinho em direção a Irandé. Este com súplica e um anúncio de esperança nos olhos, descontraiu a musculatura do rosto. Quase sem ousar respirar tentou bater na bola. Nada nesta primeira tentativa! Recuou! Mas Maurício não desistiu, retomou a bola e recomeçou a bater devagar e suavemente. De novo parou e empurrou-a para Irandé. Alarmado, espremido entre um novo crescente de angústia e o interesse pela oferta de sossego do Maurício, ele fez a segunda tentativa. Essa vez foi! Ria o Irandé, ria o Maurício, riam as terapeutas! Que satisfação! Pois o Maurício conseguiu passar para o Irandé um meio de se proteger da angústia ao modo autista.

Essa cena de nossa clínica cotidiana na Terapia Intensiva[29] do CPPL ganhou força depois da leitura do último capítulo do

---

[29] Terapia intensiva é como denominamos o conjunto dos dispositivos terapêuticos criados para atender às crianças com grandes dificuldades no desenvolvimento. As crianças e seus pais são escutados em grupo e individualmente.

Autismo: construções e desconstruções 79

livro de Dona Williams[30], no qual conta como tinha ensinado uma menina autista a aplacar a angústia, prescrevendo, ao modo de Maurício, um "movimento estereotipado" que ela própria havia utilizado para os mesmos fins.

Distúrbio de pensamento, ausência de linguagem e da subjetivação, indiferença, não investimento no mundo externo e uns outros tantos jargões, tudo caiu por terra...

Crianças como Maria, Maurício, Irandé e Silvano puseram em questão as ideias de insuficiência e impossibilidade: de aprender a usufruir do contato com os outros, de experimentar os mais variados sentimentos, de usar a linguagem para a comunicação.

Elas também afetaram as nossas crenças a respeito da impossibilidade de subjetivação, da impossibilidade de estabelecer relações, de um mundo psíquico vazio e despovoado. A afirmação poderosa de que o tempo perdido no isolamento autístico nunca seria recuperado ruiu como todas as outras.

A clínica também nos fez ver os pais das crianças chamadas autistas de modo bastante diferente daquele descrito por Kanner. O pressuposto de que as mães não eram capazes de perceber o mal-estar do bebê, por exemplo, foi aos poucos abalado pelos inúmeros relatos testemunhados ao longo de nossa experiência clínica, que demonstram como muitas vezes foram as mães que deram o sinal de alerta. Algumas vezes foi-lhes impossível formular uma demanda de ajuda para si e para o bebê. Outras

---

[30] Williams, D. *Si on me touche, je n'existe plus*. Paris: Robert Laffont, 1992.

vezes suas queixas não foram escutadas, especialmente pelos pediatras que desconsideravam as preocupações expressas por elas. As mães "geladeiras", como foram chamadas várias gerações de mães de crianças autistas, ganharam, aos nossos olhos, outras configurações além daquelas evocadas pela metáfora.

Os ecos da matriz de Kanner na psicanálise

Não podemos dizer que as nossas narrativas psicanalíticas, diferentemente das narrativas psiquiátricas, tenham permitido falar dos autistas, positivando suas formas de existência. Bem ao contrário, as várias narrativas psicanalíticas existentes sobre o autismo são repletas de metáforas como *"ovo de pássaro"*, *"fortaleza vazia"*, *"cápsula e carapaça"*, *"estrangeiro"*, *"folha de papel"*, propostas respectivamente por Magareth Mahler, Bruno Bettelheim, Francis Tustin, M. C. Laznik-Penot e Donald Meltzer, que induziam de certo modo a ideia de que elas não são constituídas como nossos semelhantes, e, assim, estariam fora da linguagem e da cultura, sem interioridade. Estas crianças foram descritas como seres sem linguagem, sem comunicação, sem possibilidade de contato com as pessoas e com o mundo, logo, tratadas no negativo.

Apesar de inseridos em diferentes tradições e filiações teóricas, é quase consensual entre nós, psicanalistas, descrever o autismo como um colapso da vida psíquica, como uma patologia que se desenvolve na ausência de algumas condições constituintes do psiquismo. Ora privilegiando os mecanismos internos, ora voltando o olhar para o meio ambiente, para as interações ou para as relações desejantes, dependendo do referencial teórico que se tome, é, com frequência, de um colapso que se vai falar.

Um exemplo da pregnância dessa tendência está presente em nosso último livro *Autismos* onde, apesar de assumirmos a posição de que não era possível falar em autismo, mas autismos – numa clara referência à subjetivação e singularidade – insistindo no fato de que esses sujeitos tinham uma vida psíquica rica e povoada, porém diferente, não conseguimos formular as nossas narrativas sem recorrer à ideia de falência, quer seja da falência da função paterna, quer seja da função materna.

Percebemos, também, nas várias narrativas psicanalíticas construídas sobre os pais das crianças diagnosticadas como autistas ecos da matriz de Kanner. Tomemos como exemplo a narrativa de Bruno Bethelheim, que radicalizou a posição de Kanner, apoiando-se em René Spitz, psicanalista e pesquisador norte-americano, cujas pesquisas demonstravam a importância da relação mãe-bebê e da qualidade desta interação para a constituição do psiquismo. Discordando de Kanner quanto ao caráter inato do autismo, Bethelheim atribuía[31] a sua etiologia

---

[31] Bruno Bethelheim foi prisioneiro de um campo de concentração durante a Segunda Guerra. Chamava-lhe a atenção que, durante o período de sua permanência neste campo, nunca tivesse encontrado, mesmo se tratando desta situação extrema, crianças com sintomas autísticos. Essa experiência foi decisiva para a sua conclusão de que o autismo se desenvolve na presença dos pais, ao mesmo tempo que a tomou como metáfora para a sua descrição do autismo.

à impossibilidade da mãe de reconhecer os movimentos antecipatórios e responder às demandas do seu bebê, privando-o da sua presença e do seu investimento, indispensáveis à constituição do eu.

O realce dado por Bettelheim às incapacidades maternas e seu papel determinante na etiologia do autismo – o que parecia confirmado por suas experiências nos campos de concentração nazista onde, apesar do sofrimento e separações incessantes dos pais e filhos, não encontrou nenhum autista – terminou por levá-lo a defender a necessidade de retirar as crianças do convívio dos pais. Julgava que a presença dos pais era determinante na formação do quadro autístico, e acreditava que as crianças teriam mais condições de se restabelecer à medida que experimentariam um ambiente mais favorável. Com o intuito de colocar em prática a sua proposta terapêutica, organizou a Escola Ortogenética de Chicago, onde as crianças, enquanto acolhidas, não podiam receber as visitas dos seus pais. Esta atitude radical de Bettelheim criou muitas dificuldades para psicanalistas e pais, não só pelos sentimentos que provocava, mas, sobretudo, pelas metáforas criadas que marcaram na cultura os pais como diferentes e culpados.

No campo psicanalítico, no que pesem as discordâncias de alguns autores das posições radicais de Bettelheim, permanece ainda viva a tendência de atribuir a etiologia do autismo às falhas maternas e à ausência de condições das mães para cuidarem dos seus bebês.

O aparecimento do autismo é ainda atribuído às mães deprimidas, mães que não investem, não antecipam, não exercem a capacidade antecipatória, não conseguem atribuir significações ao filho, que não falaram e não olharam suficientemente para o seu bebê. Durante décadas, o pai permaneceu fora do alcance das descrições, em virtude do posicionamento teórico de que ele, até o final do primeiro ano de vida, não teria nenhuma importância para o desenvolvimento afetivo do bebê. Coube, então, às mães carregarem a cruz das responsabilidades. Os efeitos dessa maneira de pensar dificultaram e dificultam até hoje tanto os pais quanto os psicanalistas. Os pais, sentindo-se culpabilizados pela etiologia do distúrbio psíquico dos seus filhos, oferecem resistência ao tratamento psicanalítico e investem na busca de um diagnóstico que confirme a origem orgânica das dificuldades. Nesse caminho, encontram com facilidade os neuropediatras e psiquiatras infantis, as ofertas das terapias behavioristas ou cognitivistas que apostam no distúrbio orgânico desimplicando-os do sofrimento dos filhos.

Por outro lado, é bastante constrangedor perceber que o diagnóstico de "autismo infantil precoce" tem efeito iatrogênico, pelo impacto sobre aqueles que estão ao redor da criança. Diante desse diagnóstico não é raro que pais e familiares retirem seus cuidados das crianças e comecem a tratá-las como "doença" ou – o que é pior – pelo que imaginam que é essa "doença". Reportemo-nos aos casos de Manuel, Beto e Márcio, narrados neste capítulo. Se estamos fadados, pelo constrangimento de nossas narrativas, a ver e descrever essas crianças através de suas deficiências, ficamos cegos e surdos para suas capacidades, assim como cegos e surdos ficam seus próprios pais.

Em nossa experiência nos demos conta dos efeitos dessas narrativas em toda a sua dimensão sobre a nossa maneira de abordar e descrever as crianças, no dia em que tentamos responder à pergunta de Teresa Campello: "O que essas crianças têm? Vocês só dizem o que elas não têm!". Com sua pergunta, Teresa nos ofereceu um novo par de óculos para olhar essas crianças, assim como o esforço de positivar os seus modos de estar no mundo abria-nos um leque mais amplo de possibilidades narrativas da nossa experiência clínica. Sobretudo, compreendemos em toda sua extensão que, quando proclamadas e plenamente aceitas, certas ideias, imagens e traços ligados a uma doença podem e tendem a se transformar em verdades da natureza, logo imutáveis. A clínica, apesar de ter mais chance de interrogar a teoria e assim formular novas questões – mais claramente a clínica psicanalítica – ainda assim não pode prescindir dos pontos de apoio situados na história que contextualiza a sua construção. Porém, certamente, é neste lugar de tensão entre clínica e narrativas necessárias a sua transmissão que podemos nos interrogar incessantemente.

3.

Algumas narrativas psicanalíticas sobre o autismo

Um evento, um acontecimento histórico, pode adquirir sentido e passar a ser narrado a partir das metáforas e imagens utilizadas na sua descrição. A metáfora das luzes que banha a história da revolução francesa, tão bem expressa no grande sol que a simbolizava, é um bom exemplo. Como assinala Eliane Robert Moraes[1], essa metáfora não só sobreviveu ao período em que o terror tomou as ruas de Paris, como ganhou força à medida que sustentava a crença no homem iluminado pelos ideais de liberdade, igualdade e fraternidade e assim encobriu por completo as consequências sombrias da revolução.

A história de um conceito, tanto em psicanálise, como em outras disciplinas, pode também ser marcada por metáforas e imagens, utilizadas pelos autores como recurso para a descrição de algo novo, ainda não narrado. Estas imagens e metáforas

---

[1] Eliane Robert Moraes, professora de estética e literatura na PUC-SP, publicou, entre outros, *Sade: a felicidade libertina*. Rio de Janeiro: Imago, 1994, e falou sobre esse assunto em conferência proferida na XVI Jornada do CPPL, realizada em Recife em maio de 2000.

impregnam e tecem as teorias, as narrativas, os modelos identificatórios de subjetivação, enfim, o imaginário cultural; muitas vezes elas impregnam de tal modo o fenômeno, o acontecimento ou a ideia a que foram associadas que impedem ou dificultam a apreensão de suas nuanças e sutilezas.

Quando acompanhamos a história da construção do conceito de autismo salta aos olhos como as metáforas e imagens, ao longo de mais de meio século, foram tecendo as malhas do imaginário cultural dentro e fora do campo psicanalítico sobre este modo humano de estar no mundo.

A primeira metáfora utilizada por Kanner, a da *"tomada desligada"*, acentuou a noção de falta no autismo, tanto em relação ao mundo externo – falta de contato afetivo – quanto em relação ao mundo interno – falta de energia interna, ausência de um mundo psíquico. Esta metáfora influenciou os primeiros enfoques psicanalíticos sobre o autismo, os de Margareth Mahler e Bruno Bettelheim, situados no início da década de 50. Enquanto Mahler, para enfatizar o autismo como um isolamento radical do mundo externo, utilizou a metáfora do "ovo", Bettelheim, para acentuar a ausência de um mundo psíquico, utilizou a metáfora da "fortaleza vazia".

Mais recentemente, Francis Tustin, muito marcada pelas ideias de Margareth Mahler, permaneceu fiel à metáfora do "ovo" e inventou duas outras similares: as de cápsula e de carapaça. Donald Meltzer, por sua vez, mais influenciado por Bruno Bettelheim, utilizou a imagem da "folha de papel" para descrever um funcionamento psíquico sem profundidade, radicalizando a ideia de autismo como ausência de interioridade e subjetividade.

Daremos um relevo especial neste capítulo às narrativas de Francis Tustin procurando mostrar como elas foram determinadas por essas metáforas que enfatizaram os aspectos de deficiência, impossibilidade, ausência e falta no autismo e como, por sua vez, marcaram e marcam, até hoje, muitas das produções psicanalíticas sobre o autismo.

***

Francis Tustin, psicanalista inglesa de formação kleiniana, dedicou mais de vinte anos de sua clínica ao tratamento de crianças autistas e foi a autora que mais produziu sobre o autismo na psicanálise. Sua obra ilustra os limites das metáforas utilizadas para descrever o autismo e mostra como elas podem constranger a apreensão destes estados psíquicos. Como veremos, embora tenha revisado e revisitado seus conceitos até o fim da vida, Tustin, ao falar do autismo, permaneceu enredada em uma metáfora, a do "buraco negro", o que a fez perseverar no que ela chamou de um "erro", só reconhecido no final de sua vida profissional. Pensamos que sua filiação a algumas matrizes teóricas que não lhe permitiram pôr em questão o conceito de autismo foi uma das razões de sua permanência no erro. São vários os motivos que nos levaram a dar a essa psicanalista um lugar de destaque neste capítulo. Primeiro, por meio de sua obra, é possível fazer uma revisão de grande parte da literatura psicanalítica sobre o autismo entre as décadas de sessenta e noventa e seu pensamento influencia de forma marcante algumas das teorias recentes sobre o tema, como as de Pierre Fédida e Manoel Berlinck[2]. Segundo, a sua obra desvenda a rede de interlocuções no seio da qual foram construídas as narrativas psicanalíticas sobre o autismo e de que forma os paradigmas vigentes determinaram e condicionaram estas construções. Terceiro, os caminhos que seguiu e a forma como nos fala das revisões que fez em sua obra no final da vida mostram como algumas crenças podem adquirir valor de verdades, dificultando, ou mesmo impedindo, a construção de novas narrativas. Quarto, a obra de Tustin ilustra muito bem o lugar paradoxal da produção teórica em psicanálise, que, como sugerimos no primeiro capítulo, se apresenta como uma solução de compromisso entre as exigências da clínica e as exigências das teorias existentes. Ela é um testemunho vivo de produção no lugar de tensão, uma vez que, durante toda a vida, não cessou de buscar alternativas, sempre que percebia que aquelas de que dispunha não davam conta do que vivia na clínica com pacientes autistas.

---

[2] À medida que Tustin sugere a presença de barreiras autísticas em pacientes neuróticos, abre a possibilidade de pensar no autismo como paradigma do funcionamento psíquico, como o fazem esses dois autores.

Francis Tustin, uma psicanalista sensível e dedicada

Antes de iniciar a formação na Clínica Tavistock onde, durante a década de quarenta, foi uma das primeiras terapeutas a fazer parte da formação de psicanalistas de crianças, Francis Tustin[3] ensinou em escolas primárias. O interesse pelo autismo parece remontar ao início dos anos cinquenta quando, ao acompanhar o marido em um curso em Boston, trabalhou como membro honorário no Centro Putman, criado para acolher e tratar as crianças descritas por Kanner como autistas. Durante este período, realizou visitas domiciliares de apoio às mães de crianças autistas, trabalho que, segundo ela, muito lhe ajudou a desenvolver uma atitude de compreensão e empatia para com essas mães.

"Quando ela estava em Boston", diz Colette Chiland, "ainda nos seus primeiros passos, se ocupava de crianças autistas a domicílio, para dar aos seus familiares alguns instantes de repouso. Conta Tustin: "Eu estava muito emocionada pela tragédia dos pais diante das condições de suas crianças autistas." A tragédia vivida pelos pais deixava-a condoída. Ela, desde o início, tinha a

---

[3] Francis Tustin nasceu em Darlington, norte da Inglaterra, em 1913, única filha de um casal de pastores da igreja anglicana, e seus pais separaram-se quando entrava na adolescência. Diz-se que seu pai era um homem de espírito livre e terminou por abandonar a igreja e que sua mãe permaneceu fiel ao anglicanismo até o fim de sua vida.

preocupação de ajudar a criança e seus pais. Nenhuma condena-
ção ou acusação, uma simpatia no sentido mais forte do termo[4].

Quando de seu retorno a Londres, Tustin trabalhou no Great Ormond Street Hospital, onde conheceu a psiquiatra Mildrek Creak, cujos diagnósticos de autismo e psicose infantil eram muito respeitados. Além disso, a doutora Mildrek, segundo nos conta Tustin, acreditava nos bons efeitos do tratamento psicanalítico e o recomendava para aquelas crianças que recebiam o diagnóstico de autismo. Com ela, iniciou uma importante relação profissional, mantida ao longo de muitos anos, reconhecendo-a como uma de suas mais importantes interlocutoras e sua expressiva contribuição no valor que adquiriu o seu trabalho entre os psiquiatras, uma vez que eles não duvidavam de que uma criança era autista, mesmo se obtivesse melhora com o tratamento, quando o diagnóstico era feito pela doutora Mildrek.

Em uma entrevista concedida a Eduardo Vidal[5], Tustin queixou-se da solidão que experimentou ao tratar das crianças autistas, sobretudo quando a clínica levou-a a interrogar alguns dos conceitos centrais da teoria kleiniana. Por isso, segundo entende, suas ideias eram recebidas com certa frieza na Inglaterra, enquanto em outros países, como França, Itália e Brasil, sua obra era muito mais lida e parecia ganhar muito mais força.

---

[4] Chiland, C. *Lieux de l'enfance*, 3, p. 36.

[5] Entrevista (1993). In: O Autismo. *Letra Freudiana*, v. 14, n. 14. Rio de Janeiro: Revinter, 1995.

Apesar dessa percepção, Tustin foi nomeada membro filiado honorário em 1984 pela Sociedade Britânica de Psicanálise, num reconhecimento da importância de sua obra e do que ela representava para a psicanálise.

Situando sua obra

Tustin começou o trabalho com crianças autistas ainda na década de 50 e a análise de John, cujo início data de novembro de 1951, teve um papel fundamental no que pensava sobre o autismo. Através deste caso, narrado por ela desde seu primeiro livro e que a acompanhou na maioria dos escritos posteriores, elaborou suas teorias sobre o autismo, colocou e recolocou-as em questão e foi ainda através dele que na última comunicação, "A perpetuação de um erro", reformulou o que pensava sobre o autismo.

Na época em que iniciou a análise com John, diz, bem--humorada, provocando risos na entrevista a que já nos referimos, era uma kleiniana muito convicta: Esther Bick, sua professora na época, dizia-lhe para não ler Winnicott e ela obedecia. Nesta época, supervisionada por Meltzer, contava apenas com o referencial teórico kleiniano que, segundo ela, não dava conta do que vivia na experiência analítica com John. Após uma comunicação no VI Congresso Internacional de Psicoterapia da Associação dos Psicoterapeutas Infantis, em 1964, na qual usou o termo "depressão primitiva", tomado de

Iska Wittenberg[6] para relatar as experiências de perda vividas por John, alguns colegas chamaram-lhe a atenção para as aproximações entre suas ideias com o conceito winnicottiano de "depressão psicótica". Data desta época o interesse pelos trabalhos de Winnicott e Margareth Mahler, autores que lhe serviram de referência para a construção de alguns dos conceitos mais importantes. A partir daí, Tustin pôde descrever um tipo de depressão primitiva experimentada pelas crianças autistas, resultante, segundo ela, de experiências de separação vividas como perda de partes do corpo, e que são geralmente associadas à sensação aterradora de um cair sem fim, sem contenção, em um "buraco negro".

A obra de Tustin pode ser, então, mapeada em três momentos: um tempo inicial no qual se apoiava apenas na teoria kleiniana; um segundo momento, em que, influenciada pelo pensamento de Margareth Mahler, entendeu o autismo como regressão a uma fase do desenvolvimento normal. Neste momento, Tustin propôs distinguir quatro tipos de autismo: o "autismo primário normal", momento que sucede ao nascimento, presente em qualquer criança, estado de não diferenciação, sem consciência de separação; "autismo primário anormal", permanência no estado de autismo primário normal devido a atropelos na relação do bebê com o meio ambiente, por dificuldades de um ou de outro; "autismo secundário encapsulado"

---

[6] Iska Wittenberg e seu artigo "Primal depression in autism: John", de 1975, são citados por Tustin (1992) em seu artigo "A perpetuação de um erro". In: O autismo. *Letra Freudiana*, v. 14, n. 14. Rio de Janeiro: Revinter, 1995

que, segundo ela, corresponderia à descrição de Kanner, em que a criança, ante as dificuldades de separação, se encapsula, recusando qualquer contato com o objeto não-eu e, finalmente, o "autismo secundário regressivo", desencadeado durante um processo de desenvolvimento comprometido e corresponde ao que Margareth Mahler denominou de psicose simbiótica; um terceiro, a partir da publicação do livro *Barreiras autísticas em pacientes neuróticos*[7] em 1986, quando, embora ainda tomando a teoria de Mahler como referência, põe em questão a proposição de que existe uma fase de autismo normal e de que o autismo patológico seria uma regressão. Amplia, ao mesmo tempo, o conceito do autismo ao propor que núcleos autísticos podem ser encontrados em pacientes neuróticos.

Muito mais tarde, já no final de vida profissional, Tustin abriu mão definitivamente da ideia de uma fase de autismo normal – no artigo memorável, já citado neste capítulo, "A perpetuação de um erro" – e fez uma análise das consequências desse equívoco em sua teoria. Afasta-se definitivamente, neste ponto, do pensamento de Mahler e aproxima-se de Esther Bick, Donald Meltzer e Didier Anzieu ao enfatizar o caráter adesivo da patologia autística.

---

[7] Tustin, F. *Autistic barriers in neuroticpatients*. Londres: Karnac Books, 1986.

A *revisão e a perpetuação de um equívoco*

No artigo "A perpetuação de um erro"[8], que ela define como "uma tentativa de reorganizar as minhas ideias sobre o autismo, antes que minha vida profissional chegue ao fim"[9], Tustin reviu uma série de aspectos do que escrevera sobre o autismo. Com integridade e dignidade, que chegam a comover, abriu mão definitivamente da ideia de uma fase de autismo primário no desenvolvimento normal e do conceito de autismo patológico como fixação ou regressão a essa fase. Fazendo isso, admitiu que esse "erro", perpetuado por outros psicanalistas, muitas vezes serviu de empecilho para o avanço das teorias no campo do autismo. Ao citar um artigo do Dr. Gillette[10], retoma a história desse erro e das consequências na produção de novas formas de discurso sobre o autismo no campo psicanalítico. Dr. Gillette tenta explicar a hegemonia da teoria de Mahler, durante tanto tempo, pela congruência que mantinha com alguns aspectos da teoria freudiana – sobretudo no que concerne às ideias sobre o narcisismo primário como um estado anterior à escolha do objeto analítico – associada a uma surda negligência das descobertas de Daniel Stern[11] sobre as interações precoces,

---

[8] Tustin, F. A perpetuação de um erro. In: O autismo. *Letra Freudiana*, v. 14, n. 14. Rio de Janeiro: Revinter, 1995.

[9] Idem.

[10] Idem, p. 65.

[11] Idem, p. 65.

que colocavam em cheque as proposições de Mahler sobre a unidade dual e a fase de autismo normal.

Além desses fatores, Tustin sugere alguns dos efeitos transferenciais da clínica do autismo para a perpetuação do que ela chamou de "erro": o autismo patológico como uma regressão a um estado de autismo normal do desenvolvimento. Isso está expresso nestas palavras:

> Na minha ansiedade de ter formulações que parecessem dar um sentido às experiências de John, adotei a visão psicanalítica ortodoxa, exemplificada por Mahler e Bibring de que o autismo patológico é uma regressão a uma fase normal de autismo primário. Era uma hipótese clara. Agarrei-me a ela como a uma jangada, porque me sentia confundida, desamparada, à deriva 'em alto mar'. O desamparo cria o desejo de certeza. Então fechei os olhos para o fato de que essa hipótese entrava em conflito com as descobertas a partir das observações de bebê que haviam sido parte do meu treinamento na Tavistock[12].

Por fim, Tustin fala ainda de uma outra razão para a perpetuação desse "erro". Para ilustrá-la, baseou-se no material clínico de John – para quem as experiências de perda do objeto eram vividas como perda de partes do corpo – e no de outros pacientes em que a ruptura traumática da sustentação

---

[12] Idem, p. 71.

ambiental estava quase sempre presente. O que a induzia ao "erro", nesse caso, era que parecia claro que as crianças autistas estavam num estado de indiferenciação primária com a mãe, tal qual descrito por Malher, cuja ruptura era vivida como perda de partes do corpo e sensações de um cair sem fim. Essa hipótese de Mahler sobre o autismo como uma regressão a um estado do desenvolvimento normal de indiferenciação era, portanto, muito atraente. No entanto, ao ler os artigos de Colwyn Trevarthen[13] e de Daniel Stern, ela abandonou a noção de autismo normal e passou a explicar essas vivências clínicas a partir de outras referências.

Para se compreender melhor as razões que levaram Tustin a perpetuar o erro, faz-se necessário uma certa inserção nas formulações de Margareth Mahler sobre o desenvolvimento infantil, as relações primárias e a maternagem, uma vez que ela se manteve muito identificada com essa autora, que marcou durante longo tempo a sua interpretação e o trabalho que desenvolveu com o autismo. Ao mesmo tempo, é também necessária uma incursão nas ideias de Donald Meltzer e Esther Bick, que lhe forneceram as noções de identidade e identificações adesivas com as quais Tustin passou a trabalhar depois que abandonou as noções de regressão e autismo normal.

---

[13] Idem, p. 71.

Mahler: um pensamento construído no contato com várias tradições

Margareth Mahler, psicanalista de origem judaica, interessou-se pela psicanálise ao chegar a Budapeste em 1913, onde a sociedade fundada por Ferenczi era muito ativa; no entanto, só iniciou a formação psicanalítica muito mais tarde quando já era médica pediatra. O trabalho na Clínica de Von Pirquet e no Instituto de Leopold Moll em Viena, entre 1922 e 23 – no momento em que começavam a ganhar força as discussões sobre a relação mãe-bebê e a importância da presença materna para as crianças doentes –, foi um fator preponderante na decisão de Mahler em iniciar a formação psicanalítica. Sua condição judaica obrigou-a a viver em Munique, Viena, Londres e, finalmente, Nova York, quando entrou em contato com as teorias de grandes pensadores como Jaspers, Max Weber e com as diferentes correntes do movimento psicanalítico.

Ao chegar a Nova York em 1938, praticamente exilada como vários judeus europeus, Mahler continuou pesquisando sobre as perturbações psíquicas graves e o desenvolvimento normal da primeira infância. O interesse despertado por seus artigos entre pediatras e psiquiatras americanos deveu-se, provavelmente, à ênfase que deu à perspectiva desenvolvimentista. Após a apresentação do texto "Pseudoimbecilidade: uma capa mágica de imbecilidade", na Sociedade Psicanalítica de Nova York em 1940, passou a ser aceita como membro dessa sociedade e assumiu a função de consultora-chefe do

Instituto de Psiquiatria de Nova York, onde deu continuidade à pesquisa sobre os distúrbios graves na infância. Essas pesquisas levaram-na a algumas elaborações iniciais sobre as psicoses na infância, tema que se tornava importante para os psiquiatras na época, sobretudo porque Kanner começava a propor a distinção do autismo do quadro das demências precocíssimas e das esquizofrenias. Foi por volta dessa mesma época, quando da apresentação do texto "Estudos Clínicos em casos de psicose infantil benigna e maligna", que Kanner, debatedor de seu trabalho, incentivou-a a prosseguir suas pesquisas.

Margareth Mahler tornou-se uma referência entre os autores que produziram narrativas sobre os estados patológicos da primeira infância, quando, com o apoio de Kanner, e tendo como referência a teoria psicanalítica, descreveu as psicoses na infância, vencendo a resistência de toda uma geração em reconhecer que crianças muito pequenas pudessem apresentar patologia tão grave.

O "ovo de pássaro": a metáfora de Mahler sobre o autismo

A produção de Mahler situa-se do final da década de cinquenta até o final da década de sessenta, sobretudo entre 1965 e 1969. Embora tenha escrito sobre o autismo infantil patológico, o maior volume de sua obra é dedicado aos processos de separação/individuação. O principal pressuposto de

Mahler para a compreensão das psicoses infantis é a de que elas seriam distorções de fases do desenvolvimento normal, constituídas no seio das relações precoces estabelecidas entre mãe e filho. Apostou em fatores constitucionais, hereditários ou adquiridos nas primeiras semanas de vida, como causas etiológicas das psicoses infantis.

Mahler descreveu o desenvolvimento normal em três fases distintas: autismo primário normal, simbiose e separação/individuação. Para descrever o autismo primário normal, que se estenderia do nascimento até os três meses de vida, tomou de Freud[14] a metáfora do *"ovo de pássaro"*, empregada para ilustrar um tipo de funcionamento psíquico em que o bebê, como o embrião das aves, satisfaz suas necessidades de modo autístico, ou seja, sem levar em conta os cuidados maternos, sem perceber a existência de uma realidade externa, vivendo de forma completamente autossuficiente. O pensamento desenvolvimentista de Mahler estava, portanto, de acordo com esses pressupostos de Freud. Dentre os autores que escreveram sobre o autismo em psicanálise, ela foi, certamente, a mais influenciada por esses aspectos do pensamento freudiano, muito valorizados pelos psicanalistas americanos na época.

Para Mahler, o autismo primário normal é uma fase do desenvolvimento caracterizada pela indiferenciação do bebê com o meio externo, desprovido de relações objetais, em que os cuidados maternos são percebidos como pertencentes à

---

[14] Freud, S. (1911) Dois princípios de funcionamento mental. In: *Obras completas*. Rio de Janeiro, Imago. v. 12.

esfera onipotente de satisfação. Os estímulos de fora não se distinguem dos esforços do bebê para livrar-se do mal-estar, já que ele não tem consciência alguma da realidade externa. Um ego rudimentar, fundado em algumas predisposições inatas, asseguraria a retenção de traços mnêmicos de situações agradáveis e desagradáveis, numa fase caracterizada pelo exclusivo centramento da libido no próprio corpo e pela indiferenciação das instâncias psíquicas.

A fase autística seria seguida pela fase simbiótica, quando, então, o bebê começa a processar uma tênue e gradual percepção do meio externo, experimentado, no entanto, como pertencente a seu próprio corpo. Seria, portanto, um estado de fusão com a mãe, em que a barreira autística de proteção contra a estimulação externa transforma-se numa espécie de membrana comum, responsável pela construção de um estado em que a mãe é percebida pelo bebê como extensão de si, onipotentemente controlada. Essa matriz simbiótica, quando bem-sucedida, é a base para a estruturação do ego e para o sucesso dos processos de separação-individuação que a sucedem, preparando a criança para a diferenciação e o afastamento da mãe. É o momento em que a criança começa a investir o mundo externo, a sofrer os efeitos da prova de realidade e a perceber a mãe como uma pessoa separada e autônoma, existindo fora da esfera simbiótica onipotente. Aí se dá, segundo Mahler, o verdadeiro nascimento psicológico da criança, introduzindo-a no mundo das relações objetais, construindo as bases para os processos da linguagem.

Entendido como regressão a uma fase inicial do desenvolvimento, o autismo foi descrito à luz da metáfora do ovo como um estado de fechamento, indiferenciação, autossuficiência, sem objeto, sem linguagem e impermeável a qualquer contato com o mundo externo. Seria, pois, uma resposta à falha da capacidade perceptual integradora do ego que, ao retirar drasticamente a libido do mundo externo, desenvolve mecanismos de desumanização e desvitalização, transformando os objetos em meros autômatos.

Notemos que a descrição da constituição psíquica, formulada por Mahler, permanece fiel ao sistema freudiano. Descrevendo o autismo primário normal, ela parece comprovar a ideia freudiana da existência de uma fase do desenvolvimento anterior ao autoerotismo. É como se Margareth Mahler tivesse materializado no autismo infantil a metáfora freudiana do "ovo". Mas, ao utilizar a metáfora do "*ovo*" para falar do autismo, Mahler induziu a construção imaginária do autista como impenetrável, incomunicável, fechado em si mesmo. Um ser para quem qualquer contato representa quebra, invasão e violência. Essa forma de pensar o autismo está presente na produção psicanalítica posterior e confirmará Tustin em seu "erro".

Os ecos do pensamento de Mahler na "perpetuação de um erro"

No segundo tempo de sua obra, Tustin aceita e adere à visão de Mahler da existência de uma fase do autismo normal no desenvolvimento e de que o autismo patológico é uma regressão a esta fase. Só é compreensível que tais formulações fizessem eco para uma kleiniana ortodoxa, como se dizia Tustin até então, por ela encontrar-se às voltas com o tratamento de John que, segundo ela, contrariava radicalmente o conceito central de sua teoria, qual seja, a do objeto interno, precocemente constituído. Embora, como veremos, Tustin encontre desde cedo alguns problemas com a formulação de um autismo primário normal, os seus dois primeiros livros, *Autismo e psicose infantil*[15] e *Estados autísticos em crianças*[16], são expressões desse modo de pensar. Nele, adota a terminologia de "autismo normal" e "autismo patológico", defendendo que as crianças autistas parecem geneticamente predispostas a lidar com situações do mundo externo de forma muito particular. Excessivamente sensíveis, recuam com facilidade ante a dor, a situações de dificuldade extrema, com uma tendência inata para reconhecer padrões, semelhanças e repetições. Mas, apesar de reconhecer essa predisposição inata para o autismo, ela não deixa de considerar as relações mãe-filho na constituição dessa patologia, opinião compartilhada com outros autores de sua época. Como Kanner e alguns psicanalistas, reconhece o autismo como patologia inata e adquirida, ou seja, o psiquismo é pensado nas determinações biológicas e ambientais. Podemos

---

[15] Tustin, F. *Autismo e psicose infantil*. Rio de Janeiro: Imago, 1976.

[16] Tustin, F. *Estados autísticos em crianças*. Rio de Janeiro: Imago, 1984.

dizer que este passou a ser o modelo predominante a partir do qual a maioria dos autores vai pensar a etiologia do autismo.

Assim, Mahler, Kanner, Bergman e Escalona, Rank e McNaughton, Rubinfine e Meltzer, citados por Tustin[17], defenderam que fatores constitucionais da criança eram necessários para o desenvolvimento do autismo patológico; no entanto, todos enfatizaram os efeitos dos fatores ambientais sobre essas crianças, constitucionalmente predispostas a apresentar dificuldades de adaptação ao meio ambiente. As formulações de Meltzer de que as crianças autistas geralmente nasceram em momentos de grandes dificuldades familiares – separações, mortes ou depressão materna – o que perturbava a adaptação de uma mãe fragilizada a um bebê difícil, parecem fazer eco ao que Tustin pensava sobre o assunto. Dava suporte a essas formulações uma série de teorias sobre as relações primárias, nessa época objeto privilegiado de estudo entre os psicanalistas, que atribuíam à maternagem a função primordial de sustentação e contenção indispensáveis ao desenvolvimento do psiquismo.

Essas teorias compunham o cenário e representaram o contexto no qual Tustin formulou sua compreensão acerca das relações entre os fatores constitucionais e ambientais na etiologia e desenvolvimento do autismo patológico. Dentre elas estava a de Bion sobre a *rêverie* materna; a de Mahler sobre a necessidade de sustentação do meio ambiente para as mães deprimidas que não conseguiam maternar seus bebês, perdidas

---

[17] Tustin, F. *Autismo e psicose infantil*. Rio de Janeiro: Imago, 1976. p. 35.

que estavam em sua própria dor; a de Winnicott sobre o meio ambiente facilitador, representado por uma mãe abnegada, capaz de identificar-se com seu bebê e proporcionar-lhe uma experiência de separação gradual de modo que não sofresse traumas irrecuperáveis com a exposição prematura a essas vivências. Tustin recorreu a todas essas teorias, e em particular à de Winnicott sobre o meio ambiente facilitador, para entender o fracasso ambiental no caso do autismo.

Neste contexto, descreve o que pensa ser o funcionamento dos primeiros momentos da vida de um bebê. Da mesma forma que Margareth Mahler, considera esses primeiros momentos caracterizados por um estado de total indiferenciação com o meio ambiente. Seria, então, um mundo dominado pelas sensações; o bebê reagiria aos estímulos do mundo externo em termos de seu próprio corpo, experiência através da qual seriam desenvolvidos o *self* e o sentido de identidade. Segundo a interpretação de Tustin, os primeiros momentos da vida de um bebê constituiriam uma fase de autossensualidade, ainda não de autoerotismo. Nessa perspectiva, ela estaria de acordo com a visão psicanalítica clássica, no entanto, dela se diferenciaria, assim como da posição de Mahler, quando sugere que esta fase não é desprovida de objetos, ou como diria Freud, uma fase anobjetal. Seria, sim, uma fase em que a criança estabeleceria relações com "objetos-sensação", construídos a partir das sensações corporais, experimentados como parte do corpo.

Para o bebê, os padrões de ritmo e sensação, associados com o ato de sugar, parecem ser o seio, experimentado em termos daquelas disposições inatas programadas para emergir nessa ocasião. As sensações, ritmos e vibrações experimentadas em contato com o corpo da mãe, seriam a base para uma construção autossensual de mãe, também experimentada como objeto-sensação, portanto, como parte indissociável do corpo[18].

Este estado de autossensualidade, próprio do autismo normal, combinado com uma certa habilidade de adaptação da mãe, desenvolvida pela preocupação materna, ao mesmo tempo que mantêm o bebê recém-nascido num estado de indiferenciação com o meio externo, protegem-no de experiências traumáticas do encontro prematuro com o "não-eu". Essa situação protegida permite ao bebê a vivência de uma certa continuidade no contato com a mãe e representa a condição para a gradual construção da mãe percebida como separada e diferente do seu corpo. Quando isso acontece de forma satisfatória, o bebê guarda no seu psiquismo a imagem da mãe, que pode evocar quando ela não está fisicamente presente. No caso do autismo patológico, ao contrário, inexiste essa vivência de continuidade da mãe e qualquer separação é vivida

---

[18] Tustin, F. *Estados autísticos em crianças*. Rio de Janeiro: Imago, 1984. p. 18.

pelo bebê como *"buraco negro"*: uma experiência agonizante do "não-eu"[19]:

> As crianças autistas experimentaram um trauma 'desagregamente' (mind-blowing) que as deixaram com sentimento de que têm um buraco negro de alguma coisa que está faltando. Elas experimentaram uma das armadilhas do desenvolvimento e da existência humana. Foi catastroficamente traumático[20].

A percepção do "não-eu" é traumática para o bebê quando ainda não lhe foi possível a construção mental de uma mãe permanente e experienciá-la como diferente e separada é vivido como perda de parte do corpo.

> Minha tese é a de que a criança psicótica teve que encarar esses conflitos muito cedo, para ela. Metaforicamente falando, ela "nasceu" prematuramente, ou de uma maneira muito confusa, do útero pós-natal, tendo assim as desilusões de ter perdido parte de seu corpo, o que as deixa com o sentimento de um buraco negro, de alguma coisa que lhes falta no corpo[21].

---

[19] Tustin está aí se referindo às agonias impensáveis de Winnicott.

[20] Tustin, F. (1992) *A perpetuação de um erro*. In: O autismo. *Letra Freudiana*, v. 14, n. 14. Rio de Janeiro: Revinter, 1995. p. 71

[21] Tustin, F. Estados autísticos em crianças. Rio de Janeiro: Imago, 1984, p. 21.

Ao conceber o autismo normal como uma fase do desenvolvimento povoada pelos objetos-sensação, Tustin quebra a casca do ovo distanciando-se de Mahler que a concebia como anobjetal, no entanto, permanece ainda fiel à ideia de afirmá-la como uma fase do desenvolvimento psíquico.

Objetos autísticos: povoando o mundo dos autistas

A noção de objeto autístico foi desenvolvida por Tustin a partir de suas dificuldades com o processo analítico de John, quando lhe foi necessário descrever alguns dos mecanismos utilizados por ele para enfrentar o estado de desagregação e dor. Eles seriam utilizados pela criança para neutralizar qualquer percepção da existência do "não-eu" e experimentados como partes integrantes e indissociáveis do corpo. Como o estado de autismo patológico é dominado pelas sensações, os objetos autísticos são sensuais, não se apoiam em construções fantasmáticas, e, se alguma fantasia existe, é extremamente cruel, muito próxima das sensações corporais. Pela pobreza fantasmática de que são imbuídos, esses objetos são usados de forma repetitiva e estática, sem propiciar qualquer desenvolvimento de redes associativas. São geralmente desvitalizados e inanimados, características que garantem ao autista um completo controle sobre eles. Aí estaria o cerne da experiência propiciada pelo objeto autístico: o controle absoluto sobre o objeto e a realidade, o afastamento de qualquer encontro com o não-eu, a supressão do buraco negro da depressão psicótica[22]. O objeto é, então, experimentado como parte integrante e indissociável do corpo, e a sua separação, vivida como perda de parte do mesmo.

Movida ainda pela crença em uma fase de autismo normal, Tustin sugeriu que os objetos autísticos são normais nesta fase. Eles tornam-se patológicos quando usados como proteção contra o contato com o meio ambiente, o "não-eu", vivido de forma agonizante. Mesmo a mãe pode ser usada como objeto autístico, desvitalizada, transformada em objeto inanimado, reduzida pela criança a uma parte do seu próprio corpo, experimentada como pura sensação.

O buraco negro

O buraco negro, metáfora utilizada por Tustin para descrever o cerne da experiência autística, é uma noção central em sua obra e a acompanha até seus últimos escritos. Trata-se de uma vivência decorrente do confronto prematuro da criança com objetos não-eu, contra a qual ela tenta defender-se a qualquer custo.

---

[22] Sobre isto, ver: Rocha, P. "Terror do mundo novo ou a interpretação autista do velho mundo" In: Rocha, P. (Org.). Autismos. São Paulo: Escuta, 1997. Neste artigo é desenvolvida a ideia de que a experiência do encontro prematuro e traumático com o objeto, com o objeto não-eu, é revertida pela pulsão de dominação, através da qual a criança passa a dominar o objeto tornando-o inanimado.

Descobri que a natureza estreita e restritiva do autismo surgiu para lidar com o sentido desintegrador de perda corporal [...] Essas crianças não têm o sentido de um núcleo integrador que vem das experiências da amamentação no peito (ou mamadeira) – a boca suave rodeando o mamilo duro, os aspectos machos e fêmeas reunindo-se de forma funcional, de forma operante (o "seio bom" da teoria kleiniana). Em vez de um "seio bom", eles têm "um buraco negro"[23].

Winnicott, ao descrever a depressão psicótica, diferenciando-a da depressão reativa[24], sugeriu que

[...] a perda pode ser de alguns aspectos da boca que desaparecem do ponto de vista da criança junto com a mãe e o seio quando há uma separação precoce e a criança ainda não alcançou um estágio de desenvolvimento emocional que lhe forneceria o equipamento para lidar com a perda. A mesma perda da mãe alguns meses depois seria uma perda de objeto sem esse elemento adicionado da perda de parte do corpo[25].

---

[23] Tustin, F. *Estados autísticos em crianças*. Rio de Janeiro: Imago, 1984. p. 81.

[24] Segundo esse autor, esse tipo de experiência de perda de objeto diferencia-se da depressão reativa, em que a perda do objeto se dá quando o sujeito já o percebe como separado dele e, portanto, não implica vivências de perdas de partes do corpo.

[25] Tustin, F. (1992) A perpetuação de um erro. In: O autismo. *Letra Freudiana*, v. 14, n. 14. Rio de Janeiro: Revinter, 1995. p. 70.

Como citou a própria Tustin, essa descrição foi um suporte para a sua formulação da noção do "buraco negro".

Seguindo Winnicott, acha que a perda do objeto antes que seja possível a sua construção mental acarreta a desagregadora vivência de um "buraco negro" no corpo, uma catastrófica experiência de separação, geralmente associada à aterradora sensação de um cair sem fim, sem nenhum amparo, ante a falha radical da contenção materna, implicando uma desagregação e deterioração de um ego rudimentar.

Enquanto se manteve respaldada pelo pensamento de Mahler, Tustin entendia o que chamava de autismo patológico como uma resposta à depressão psicótica, que fixa a criança no estado de autismo normal ou a faz regredir a ele.

Mesmo quando abandonou a ideia de autismo patológico como regressão a uma fase de autismo normal, manteve a noção de "buraco negro" e, mais tarde, respaldada então pelos conceitos de identidade e identificação adesiva de Donald Meltzer e de Ester Bick, passou a compreendê-lo como um dos traços da patologia adesiva.

Esse parece, portanto, o momento de realizarmos uma incursão nas ideias de Meltzer sobre o autismo, uma vez que Tustin vai retomá-las, ressignificando-as e fazendo alguns avanços em relação a elas, para formular o autismo como uma patologia adesiva.

Autismo e estados pós-autísticos: diferentes desdobramentos feitos por Meltzer da metáfora do "ovo" e da "fortaleza vazia"

Como já foi referido anteriormente, Meltzer supervisionou Tustin no caso de John e até fins da década de sessenta supervisionou as análises de oito a dez crianças autistas, a partir das quais desenvolveu suas ideias sobre o autismo. Sua produção sobre este tema não é muito extensa: dois artigos em 1975 e 1985 e o livro *Explorations dans le monde de l'autisme*[26] em 1980, escrito com colaboradores.

Distinguir o autismo propriamente dito dos estados pós--autísticos parece ter sido a tentativa de Meltzer ante a contradição entre as metáforas – como a do "ovo" e a da "fortaleza vazia", que induzem a pensar o autismo como um estado de fechamento e ausência de relações objetais – e a sua clínica, que o fez construir um mundo povoado e rico de relações muito particulares com os objetos internos e externos.

Para Meltzer, existe o autismo propriamente dito e o estado pós-autístico. O primeiro é descrito como um estado de suspensão da vida mental através da suspensão da atenção. Diferentemente de Tustin, para quem a criança luta contra o "buraco negro" através de mecanismos de defesa não específicos, para Meltzer a suspensão da vida mental ocorreria através de mecanismos típicos do autismo: a identificação e o

---

[26] Meltzer, D. (1975) Explorations dans le monde de l'autisme. Paris: Payot, 1980.

desmantelamento. No desmantelamento, o ego e o objeto são fragmentados em suas qualidades sensoriais – audição, visão, tato, etc. – ficando cada um desses fragmentos reduzidos a um estado primitivo, dominado pelo id e seu princípio econômico mais ativo: a compulsão à repetição. O uso repetido do desmantelamento priva a criança de uma série de experiências maturativas, sobretudo no que diz respeito à constituição dos espaços internos do ego e dos objetos. O estado pós-autístico seria, então, uma sequela resultante desses episódios autísticos, sendo tanto mais grave quanto mais frequente for o uso do desmantelamento pela criança.

Meltzer entende que os estados de autismo propriamente dito e de pós-autismo convivem numa mesma criança sem estabelecerem qualquer relação um com o outro. O autismo propriamente dito parece irromper como um ataque de pequeno mal epiléptico, provocando, segundo ele, uma espécie de suspensão de vida mental: as experiências reduzem-se a meros acontecimentos não disponíveis para a memória e parecem predominar, neste momento, os padrões neurofisiológicos. As vivências repetidas desses estados constroem o estado pós-autístico, marcado pelo caráter obsessivo, pelas manifestações linguísticas desprovidas de sentido e por um tipo muito particular de identificação, denominada por Meltzer de identificação adesiva. Para compreender este conceito faz-se necessário uma incursão nas concepções sobre tempo e espaço no autismo e pós-autismo formuladas por ele.

Tempo e espaço no autismo e pós-autismo

Meltzer descreve a patologia pós-autística como um distúrbio da dimensionalidade, definida por ele como a construção mental das quatro dimensões do espaço: interna e externa do *self* e interna e externa do objeto. Para ele, o mundo seria normalmente quadridimensional, o que significa dizer que o *self* e os objetos são providos de interioridade, cada um deles contendo uma dimensão interna e uma dimensão externa. Ao longo do desenvolvimento, ou nos estados de perturbação psíquica, o mundo pode tornar-se uni, bi, tri ou quadridimensional. Nesta construção, tempo e espaço aparecem estreitamente ligados. Meltzer trabalha com a ideia de que a passagem da uni para a quadridimensionalidade, da vivência de acontecimentos para a vivência de experiências, se dá mediante a construção de um tempo linear que permite experiências de continuidade e permanência. No mundo quadridimensional, os *acontecimentos* – únicos, fechados em si mesmos, marcados pela dispersão e descontinuidade – já teriam sido transformados em *experiências*. Isso se dá mediante a ação contínua dos cuidados maternos, que integra as várias modalidades sensoriais do objeto e possibilita experiências de continuidade e permanência. Estão aí, do ponto de vista de Meltzer, as condições para que o objeto venha a ser representado e a sua ausência física suportada.

As dimensões de tempo e espaço seriam gravemente perturbadas no autismo e pós-autismo e, para Meltzer, esse é um aspecto tão importante que o levou a descrever esses estados psíquicos como distúrbios da dimensionalidade. No autismo propriamente dito o mundo seria unidimensional, radicalmente centrado no *self* de onde saem os impulsos em direção ao objeto, sem nenhuma percepção de tempo ou distância. Seria um estado basicamente regido por atos reflexos, em que predominariam padrões neurofisiológicos, daí a analogia com o ataque de pequeno mal, usada por ele para descrevê-lo. Já nos estados pós-autísticos, o mundo seria bidimensional e o *self* experimentado como uma superfície sensível, em geral muito inteligente para apreender as qualidades e modalidades sensoriais do objeto. A metáfora utilizada por ele é a de uma *folha de papel*, plana, sem profundidade, sobre a qual objetos também sem interioridade, deslocar-se-iam de um ponto a outro, sem que nenhuma relação fosse estabelecida entre eles, tornando os acontecimentos efêmeros, sem nenhum sentido de continuidade ou permanência e, portanto, impossíveis de serem transformados em experiências. Seria esse o mundo pós-autista na visão de Meltzer: um mundo em que o *self* é constituído como uma superfície sensível, muito inteligente para apreender as qualidades e modalidades sensoriais do objeto; em que o tempo é circular, "temps clôs", fechado em si mesmo, transformando cada encontro com o objeto em pura sensação, em acontecimentos absolutamente isolados, desconectados entre si; um mundo povoado por objetos sem interioridade, de superfície sensível, aos quais a criança se adere de forma sensual, adesivamente identificada. Os mecanismos do desmantelamento e identificação adesiva estão estreitamente relacionados e a compreensão desses conceitos depende em grande parte das concepções de Meltzer sobre a constituição do espaço psíquico concebido como dimensionalidade.

Desmantelamento e identificação adesiva

O desmantelamento é descrito por Meltzer como uma forma particular de clivagem do ego muito diferente das clivagens sádicas ativas pensadas por Melanie Klein.

> O desmantelamento do ego no autismo se produz segundo um procedimento passivo que consiste em deixar os vários sentidos, especiais e gerais, internos e externos, ligarem-se ao objeto mais estimulante do instante. Seria pura coincidência se as sensações desse instante, as mais coloridas ou as formas mais cativantes, ou as mais aromáticas, as mais ruidosas, as mais saborosas, as mais doces, as mais quentes, emanassem todas do mesmo objeto externo[27].

Ou seja, pela suspensão da atenção, o ego se desmantela em suas qualidades sensoriais, deixando os sentidos vagarem sem nenhuma possibilidade de apreender o objeto em seus aspectos gerais. O desmantelamento do ego, como aparelho mental, seria, então, produzido por esta dispersão, de maneira

---

[27] Idem.

passiva, como se caísse aos pedaços, uma vez que a atenção – definida como uma espécie de fio que permite uma apreensão consensual do objeto – é subitamente suspensa.

O conceito de desmantelamento mantém estreita relação com os de pele psíquica e identificação adesiva desenvolvidos por Esther Bick[28], a quem Meltzer manteve-se muito ligado por longos anos. É curioso ouvir Meltzer narrar a história da construção do conceito de identificação adesiva em uma conferência de outubro de 1974, proferida na William Adamson Psychoanalytic Society.

> O processo de identificação adesiva que vou descrever é algo em que Esther Bick e eu começamos a trabalhar separadamente, cada um à sua maneira e falando muito entre nós, lá pelos começos da década de 1960, depois da morte de Melanie Klein. Nós dois nos encontrávamos terrivelmente sós, já que a pessoa que havia estado carregando a responsabilidade já não estava mais. Alguém, todos, tínhamos que recolher aquela parte que podíamos carregar. Nesta época Esther Bick estava trabalhando de várias maneiras. Primeiro, ela havia introduzido a observação de latentes no currículo da Clínica Tavistock, no treinamento de psicoterapeutas de crianças e também no instituto de psicanálise. Ela havia

---

[28] Esther Bick trabalhava na Clínica Tavistock, quando desenvolveu o método de observação de bebês e foi responsável pela introdução desse procedimento no currículo da formação de terapeutas de crianças dessa clínica, em finais da década de 50.

estado trabalhando muito nisso e além do mais estava tratando crianças psicóticas e supervisionando o tratamento de muitas outras crianças. Eu me recordo que chegou um momento em que ela frequentemente me dizia: "Não sei como dizê-lo mas são justamente assim [dizia juntando as mãos]: é algo diferente[29]".

O que Esther Bick queria dizer, juntando as mãos, é que na observação dos bebês e nas análises e supervisões de crianças psicóticas começou a perceber, tanto nos bebês como nos psicóticos, uma tendência a se aderirem àqueles que estavam próximos de si.

Depois de algum tempo, Meltzer também diz ter se dado conta em seus atendimentos com psicóticos e supervisões de crianças autistas dessa tendência a se aderir e achou que ele e Esther Bick estavam descobrindo e construindo algo interessante. O início dessas conversas aconteceram, como vimos, por volta de 1960 e, em 1968, Bick escreve seu artigo "L'experience de la peau et les relations d'object precoce"[30]. Nele descreve a importância da função continente ou contensora da maternagem que permite ao bebê, a princípio não integrado, a experiência passiva de manter juntas e integradas as partes do corpo. Essa função continente é desempenhada

---

[29] Meltzer, D. (1974). "Identificacion adhesiva". In: *Diarios clínicos*. Buenos Aires: Lugar, 1990.

[30] Bick, E. (1968) "L'experience de la peau et les relations d'objet précoces". In: Meltzer, D. (Org.) (1975) *Explorations dans le monde de l'autisme*. Paris: Payot, 1980.

pela pele, vivida como um limite periférico, a partir da introjeção de um objeto capaz de conter e integrar as partes do corpo. Esse objeto continente constitui-se ao longo das situações de amamentação, através da experiência de contenção do bico do seio na boca do bebê e de sua própria pele contida pela pele da mãe, que mantém as partes do corpo juntas e integradas por seu calor, sua voz e seu odor familiares. O objeto continente é vivido na concretude da pele e a sua função continente, quando introjetada, possibilita a aquisição da noção dos espaços interno e externo.

Meltzer trabalha com esse conceito quando propõe que no autismo propriamente dito há uma falha da função contensora e o ego desmantela-se passivamente. Diz ele:

> A alteração severa do contato com a mãe precipita a criança em angústias depressivas graves, justo no momento em que se vê privada do suporte de uma imagem receptiva, capaz de sustentar a torrencial dor psíquica e modificar seu impacto. Sua resposta a essa retirada é drástica; ela está em relação com uma predisposição obsessional marcada, quer dizer, uma tendência a lidar com a angústia através dos fantasmas de controle onipotente de seus objetos. Eles empregam um tipo especial de processos de clivagem, segundo o qual desmantelam seu ego em suas capacidades perceptuais separadas: visão, tato, audição, etc., e ao mesmo tempo, partindo de um objeto de tipo 'senso comum' (Bion), reduzindo-o a uma multiplicidade de acontecimentos unisensoriais em

que animado e inanimado tornam-se indistinguíveis. Por consequência, nos estados de autismo propriamente ditos, eles são reduzidos a um tipo de ausência de atividade mental equivalente a um déficit cerebral orgânico[31].

O desmantelamento ocorre, portanto, como se fosse um ataque de pequeno mal e, como se trata de uma clivagem passiva, o ego recompõe-se instantaneamente. No entanto, o uso repetido desse mecanismo priva a criança de muitas experiências maturacionais – o grau de atraso mental é determinado pelo tempo de uso desse mecanismo – sobretudo daquelas que possibilitam a construção dos espaços internos do *self* e do objeto, comprometendo decisivamente os processos de introjeção e projeção. A ausência de construção dessa dimensão interna dos objetos tende a aprisionar a criança num tipo muito primitivo de relação fusional com o objeto, construindo uma fantasia de adesão. A criança experimenta-se aderida ao objeto, desenvolvendo uma intolerância à separação, sempre vivida como sensação de arrancamento da pele e perdas de partes do corpo. Tudo isso engendra essas formas particulares de identificação denominadas por Meltzer "de identificação adesiva" e por Bick de "identidade adesiva".

Com as concepções de autismo propriamente dito e dos estados pós-autísticos, Meltzer radicaliza a ideia de autismo como ausência e falência, reduzindo-o, como vimos, a um

---

[31] Meltzer, D. (1975) *Explorations dans le monde de l´autisme*. Paris: Payot, 1980.

estado de funcionamento neurofisiológico. Veicula, no entanto, a nosso ver, a interessante e vantajosa ideia de que o autismo não é um estado permanente e assim não se poderia falar em crianças autistas. Contudo, apresenta dois grandes problemas. O primeiro, quando define o pós-autismo como uma *sequela* do autismo propriamente dito, aproximando-o da doença e da deficiência, o que ratifica, de certa forma, as crenças constituídas em torno das significações desse termo. O segundo diz respeito à concepção de ausência de interioridade nos estados pós-autísticos, muito bem expressa na metáfora da folha de papel, o que o leva a cair novamente na afirmação de ausência de linguagem e comunicação nos estados pós-autísticos. É interessante como, mesmo tentando desconstruir as metáforas do "ovo" e da "fortaleza vazia" – o mundo pós-autístico para ele não é impenetrável nem vazio –, Meltzer não escapa da tendência de defini-lo como deficiência, como ausência de linguagem e comunicação.

Tustin e suas últimas revisões: abrindo os caminhos para pensar a subjetividade nos autismos

Ao abandonar a ideia de que o autismo seria uma regressão a uma fase de autismo normal, Tustin se viu obrigada a interpretar o material clínico de John e de outras crianças, sem o suporte dessa ideia inicial da regressão. Para isso, como descreve em seu artigo "A perpetuação de um erro" em 93, retomou os conceitos de "identificação adesiva" e "identidade adesiva" de Meltzer e Bick. Distancia-se deles apenas no que se refere a uma consciência de espaço associada com identificação ou sentimento de identidade. Segundo pensa, a adesividade encontrada no autismo é uma adesividade adjacente (para isso usa um termo de Thomas Ogden-1989)[32], do tipo pele na pele como "equação adesiva" ou unicidade adesiva.

A manutenção de uma relação de adesão com o objeto e a vivência catastrófica da situação de separação seriam, segundo ela, as marcas da patologia autista. Diferente do que pensava anteriormente, passa a entender a relação de adesão como patológica e não como uma regressão a uma fase normal do desenvolvimento. O autismo seria, então, uma patologia de dois estágios: o da manutenção da unidade dual fusional e o da ruptura traumática e seu estresse.

Definir o autismo como regressão a uma fase de autismo normal ou como resposta à situação de separação vivida como ruptura traumática são posições, segundo Tustin, muito diferentes e acarretam diferentes consequências teóricas e clínicas. Em seu último artigo, comenta algumas delas. A mais importante refere-se à forma mesmo de encaminhar o tratamento e à maneira como se aborda e se fala com as crianças autistas. Dá-se conta, com muita lucidez, de que pensá-las como sujeitos regredidos, a repetirem continuamente situações de estágios anteriores do desenvolvimento, induz à posição de que seria

---

[32] Tustin, F. (1992) "A perpetuação de um erro". In: O autismo. *Letra Freudiana*, v. 14, n. 14. Rio de Janeiro: Revinter, 1995. p. 73

necessário que essas situações fossem revividas na experiência terapêutica para que pudessem ser superadas. Fala dos efeitos dessa crença ao narrar a história de um hospital, onde encontrou crianças psicóticas batendo-se ao redor dos carrinhos de bebê, usando mamadeiras. Ela soube que foram dadas mamadeiras a essas crianças devido à suposição de que elas deveriam regredir a estágios anteriores para que os próximos pudessem ser alcançados.

Abandonar essa ideia significou também, para Tustin, remover as crianças autistas de um lugar inacessível e colocá-las nas redes de relações que se estabelecem no presente. Como ela se deu conta, faz uma grande diferença se escutamos o material clínico de uma criança autista como pura repetição de situações passadas ou se o tomamos como algo dinâmico, vivo, acontecendo agora. Entendendo-se assim, a experiência terapêutica ganha a dimensão de que injeta algo novo em vivências passadas e abre a possibilidade de uma construção progressiva.

Além do mais,

> [...] essa visão revisada da etiologia do autismo trará uma reorientação significante na nossa aproximação ao tratamento das crianças autistas. Isso afetará a maneira que respondemos e falamos com tais pacientes. Significa que falaremos com eles como se pensássemos que eles podem entender o que estamos dizendo. Já não lhes falaremos com arrogância[33].

---

[33] Idem, p. 75.

Questiona, assim, as ideias de ausência de linguagem e de deficiência no autismo, supõe aí uma subjetividade e, ao usar o termo arrogância, parece desalojar-se do lugar das ideias preconcebidas, fazendo uma opção pela escuta do sujeito em sua singularidade, abrindo mão e aceitando perder o que ela, citando Didier Houzel, chamou de "supremacia do seu objeto de conhecimento"[34]. Quando faz essa aposta, supondo e antecipando a subjetividade no autismo, Tustin aproxima-se de alguns psicanalistas de inspiração lacaniana e de Winnicott, uma vez que abre a escuta para o sujeito, na singularidade do seu sofrimento e de sua dor. No entanto, não faz o essencial: não discute, como Winnicott, a invenção de Kanner.

Tustin conta que, ao concluir o texto "A perpetuação de um erro" – e comentando o tema deste artigo com o seu marido, conhecido como escritor de *"limericks"* psicológicos –, ele presenteou-a com um *"limerick"*:

> Quando crenças precisam de alguma modificação
> O fazemos com muita trepidação
> Pois o nosso mundo torna-se novo
> E as coisas parecem tortas.
> Até que nos habituamos à nova formulação!

Parece-nos que este *"limerick"*, oferecido a Tustin pelo marido, resume os momentos em que a clínica entortava o seu

---

[34] Idem, p. 76.

mundo e lhe impulsionou a duvidar das crenças e metáforas. Sua obra mostra como metáforas produzidas a partir da clínica podem transformar-se em crenças e sistemas de pensamento. Um exemplo são as formas e objetos autísticos teorizados por Tustin que permitiram pensar o mundo do autista povoado, derrubando o mito da anobjetalidade e ajudaram-na a avançar no tratamento de seus pacientes e na produção de sua teoria. Porém, ao perderem a dimensão metafórica, construções como essas tendem a ser interpretadas como naturais e só podem ser defendidas a partir do argumento de uma predisposição inata. Vistos assim, tais conceitos terminam por construir alguns pre-conceitos difíceis de serem desconstruídos e adquirem feições universalizantes que pouco ajudam a entender as crianças com grandes sofrimentos e dificuldades afetivas em suas singulari-dades. Nesse modo de pensar é também impossível questionar o conceito de autismo, pois ele jamais seria tomado como uma invenção, mas como uma descoberta científica, passível de comprovação, palpável, que existe independentemente dos sistemas de crenças e da cultura, enfim, desprendido do seu contexto.

4.

Com Winnicott na contramão

Como vimos no capítulo anterior, Winnicott foi um dos poucos autores no campo psicanalítico a se opor à tendência dominante de reconhecer na invenção de Kanner uma contribuição significativa ao estudo e ao tratamento das crianças que passam muito cedo por intenso sofrimento psíquico e apresentam grandes dificuldades na primeira infância, comumente chamadas autistas.

Para deixar mais claro o pensamento de Winnicott, retomamos, neste capítulo, alguns dos seus artigos sobre o autismo e sobre a etiologia da esquizofrenia infantil, sobretudo aqueles escritos em 1966, mas só publicados trinta anos depois no livro *Pensando sobre crianças*[1]. Destes artigos destacamos a abordagem de Winnicott do sofrimento psíquico em crianças muito pequenas, o que colaborou, juntamente com a nossa experiência clínica, para que puséssemos entre parênteses o diagnóstico de autismo, à medida que nos permitiu apreender as várias nuances, os vários matizes de expressão deste sofrimento

---

[1] Winnicott, D. W. *Pensando sobre crianças*. Porto Alegre: Artes Médicas, 1997.

sem considerá-lo como déficit, defeito, ou deficiência e sem transformá-lo em uma entidade psicopatológica.

Colocando-se, como já referimos, na contramão da maioria dos psicanalistas, Winnicott, em conferência proferida em uma Sociedade de pais de crianças autistas na Inglaterra, surpreendeu a todos ao dizer algo impensável até então: **"O autismo, isso não existe!"** Afirmou, assim, não estar convencido de que a definição do autismo como patologia específica, destacada do quadro das psicoses infantis, trouxesse quaisquer benefícios para a compreensão e o tratamento psiquiátrico ou psicanalítico das crianças com graves afecções psíquicas.

Se, por um lado, nos chamaram a atenção as proposições de Winnicott nesta conferência em que questiona a invenção de Kanner, por outro, o silêncio dos psicanalistas interessados no tema do autismo se fez audível, pois, embora o artigo "Autismo" (1966) não tivesse sido ainda publicado, essas ideias já estavam explicitadas em três resenhas de livros sobre autismos de 1938, 1963, 1966 e em um trabalho publicado em 1967[2].

Neste artigo, Winnicott diz encontrar uma certa utilidade na definição do autismo como uma síndrome para os pediatras, pois eles, por tradição, tendem a reconhecer uma doença apenas quando ela é definida como tal. No entanto, em 1967, afirma:

---

[2] Winnicott, D. W. (1966). "Três revisões de livros sobre autismo". In: *Pensando sobre crianças*. Porto Alegre: Artes Médicas, 1997. p. 175

Não tenho certeza de que só tenha havido ganhos com o rótulo de "autismo" dado por Kanner a esses casos. A perda, parece-me, foi que esse rótulo deu aos pediatras, acostumados como estão a síndromes e entidades patológicas, uma falsa trilha que eles seguiram com muita disposição. Eles agora podiam procurar por casos de autismo e colocá-los convenientemente num grupo com uma fronteira artificialmente clara[3].

Para Winnicott, se Kanner, ao inventar o autismo não descobriu nada de novo, além de um nome, criou um cenário para o surgimento e desenvolvimento de uma doença. Em psiquiatria, segundo ele, é um erro pensar em doenças, uma vez que a maioria dos sintomas psiquiátricos confunde-se com traços encontrados na constituição do sujeito psíquico e faz diferença se os olharmos como problemas relativos ao desenvolvimento e à subjetivação ou como sintomas de um quadro psiquiátrico bem definido. Com a definição do autismo, Kanner ergueu uma fronteira nítida onde só existem limites tênues. Para o psicanalista britânico, qualquer dos sintomas que passaram a demarcar essa patologia pode ser encontrado em muitas crianças que não são autistas e não são reconhecidas como portadoras de distúrbios psíquicos. Diz Winnicott:

---

[3] Winnicott, D. W. (1967). "A etiologia da esquizofrenia infantil em termos do fracasso adaptativo". In: *Pensando sobre crianças*. Porto Alegre: Artes Médicas, 1997. p. 194.

> Para cada caso de autismo que encontrei em minha prática encontrei centenas de casos em que havia uma tendência que foi compensada, mas que poderia ter produzido o quadro autista... O assunto logo deixa de ser autismo e as raízes iniciais do transtorno que poderiam ter-se transformado em autismo, e passa a ser toda a história do desenvolvimento emocional humano e do relacionamento do processo maturacional em cada criança com a provisão ambiental que pode ou não, em cada caso particular, facilitar o processo maturacional[4].

Assim, Winnicott ratifica a ideia de que no autismo, antes de nos confrontarmos com uma doença, encontramo-nos diante de questões relativas à história do desenvolvimento humano.

Outra coisa não poderia dizer um pediatra e psicanalista que, ao longo dos quarenta anos de sua vida profissional, trabalhou no "Paddington Green Hospital for Children", local onde cuidou de aproximadamente 60.000 mil crianças[5], numa longa convivência com bebês e suas mães nas mais diversas circunstâncias em que foram acolhidos. Como testemunha o próprio Winnicott, essa foi uma das razões que o levaram a questionar a definição do autismo:

---

[4] Winnicott, D. W. (1966). "Autismo". In: *Pensando sobre crianças*. Porto Alegre: Artes Médicas, 1997. p. 181.

[5] Winnicott, D. W. "Introdução". In: *Pensando sobre crianças*. Porto Alegre: Artes Médicas, 1997, p. 20.

Autismo: construções e desconstruções 129

> Alguém que esteve envolvido como eu estive, por várias décadas, nos mínimos detalhes da história da mãe sobre ela mesma e seu bebê, encontra todos os graus de organização de uma sintomatologia que, quando inteiramente organizada e estabelecida, pode receber o nome de autismo [...] Em outras palavras,o que estou tentando dizer é que esta doença do autismo não existe, e que é um termo clínico que descreve os extremos menos comuns de um fenômeno universal. A dificuldade decorre do fato de muitos estudos clínicos terem sido escritos por aqueles que lidam com crianças normais e que não estão familiarizados com o autismo ou a esquizofrenia infantil, ou por aqueles que, em virtude da sua especialidade, só atendem crianças doentes e, em virtude da natureza do seu trabalho, não se envolvem nos problemas comuns do relacionamento mãe-bebê[6].

A conclusão a que podemos chegar, junto com Winnicott, é que, na clínica psiquiátrica e sobretudo na clínica psicanalítica, é a escuta da longa, complicada e singular trajetória do indivíduo, da dependência à gradual independência do meio ambiente, que permite apreender os vários modos de subjetivação sem se deixar enredar pelas classificações sintomatológicas da psiquiatria e da própria psicanálise. Winnicott toma, portanto, como ponto de partida para a compreensão das dificuldades psíquicas do indivíduo a história de seu

---

[6] Winnicott, D. W. (1966). "Autismo". In: *Pensando sobre crianças*. Porto Alegre: Artes Médicas, 1997. p. 185

desenvolvimento e não os sinais que, porventura, possam vir a ser agrupados como sintomas de uma doença ou síndrome, como uma forma específica de funcionamento ou como uma estrutura psíquica.

Para nós que, mobilizadas pela clínica com crianças muito pequenas e seus pais, nos indagávamos acerca da utilidade e dos efeitos do diagnóstico e das definições psicopatológicas, o reencontro com Winnicott e suas posições radicais e inovadoras no conjunto de seus artigos sobre a esquizofrenia infantil e o autismo ecoaram de forma significativa. Esse reencontro nos incentivou a continuar tentando construir narrativas diferentes que possibilitassem novas reflexões sobre o sofrimento psíquico de nossas crianças, diagnosticadas como autistas, à margem das metáforas e crenças tecidas ao redor dessa suposta patologia.

Esfumaçando as fronteiras entre o normal e o patológico: a classificação psicopatológica em questão

Além de negar a existência do autismo, conforme já vimos anteriormente, Winnicott questiona a classificação psicopatológica e psiquiátrica, possibilitando-nos, dessa forma, uma nova compreensão acerca dos sofrimentos psíquicos na primeira infância. Winnicott escreveu:

AUTISMO: CONSTRUÇÕES E DESCONSTRUÇÕES   131

Quando estamos examinando concretamente o problema, podemos atirar a classificação aos quatro ventos e observar casos, e examinar detalhes sob o microscópio, por assim dizer[7].

No entanto, Winnicott não parece ter levado suas próprias afirmações às últimas consequências e, embora tenha sugerido com tanta ênfase a inutilidade do termo autismo e das classificações psicopatológicas para a compreensão e tratamento dos indivíduos em sofrimento psíquico, propôs, contraditoriamente, que continuássemos usando o conceito de esquizofrenia infantil. A frase final de seu artigo, "Autismo", é um bom exemplo dessa contradição:

Eu espero que essa sociedade floresça[8] e realize seu duplo papel de neutralizar a solidão dos pais e estimular a investigação científica ou objetiva desta forma de esquizofrenia, que se inicia na infância inicial ou na infância posterior. No final, é a etiologia da doença que nos dá a pista para a prevenção[9].

Apesar de tais contradições – devidas, ao que parece, aos descompassos entre a exigência de sua clínica construída por uma experiência longa e diversificada, e as amarras de uma

---

[7] Idem, p. 181.

[8] Referia-se à sociedade para crianças autistas onde apresentou esse artigo como uma conferência.

[9] Idem, p. 192.

exigência cientificista[10], própria da medicina e sempre presente na psiquiatria – as ideias de Winnicott, pelo que elas induzem a pensar, foram de grande utilidade para que pudéssemos problematizar a psicopatologia e o diagnóstico. Ora, ao dizer que o autismo não é uma doença, mas um problema do desenvolvimento, de constituição do psiquismo e que seus supostos sintomas podem ser encontrados em qualquer criança, inclusive naquelas tomadas como crianças comuns e sadias, Winnicott esfumaçou as fronteiras entre o mórbido e o não mórbido, entre o normal e o anormal e, com isso, como ele mesmo refere, atirou aos ares a necessidade de classificação psicopatológica.

O argumento usado por Winnicott para desconstruir a ideia de autismo como psicopatologia pode ser estendido a qualquer outra conceituação psicopatológica.

E como nos mostra Teresa Campello,

> A noção de psicopatologia predominante no mundo psicanalítico é herdeira de um modo de pensar essencialista, necessita de uma operação presente na linguagem, a de classificação e o procedimento de classificar só pode ser feito postulando-se uma invariância, consequentemente, a noção de psicopatologia é sustentada na ideia do desvio da norma[11].

---

[10] Sobre isso ver nota de Sherpard na introdução do livro *Pensando sobre crianças*. Porto Alegre: Artes Médicas, 1997. p. 25.

[11] Campello, Teresa. "Psicopatologia no final do milênio: duas ou três coisas que sei dela..." (Texto apresentado nas "Quintas Clínicas" do CPPL, no Recife, em novembro de 1998).

Em um outro artigo sobre as origens da criatividade, Winnicott parece radicalizar mais ainda:

> É importante para nós que não encontremos **clinicamente qualquer linha nítida**[12] entre a saúde e o estado esquizoide, ou mesmo entre a saúde e a esquizofrenia plenamente desenvolvida.[...] vemos com suspeita qualquer teoria da esquizofrenia que divorcie o sujeito dos problemas do viver usual e das proposições universais do desenvolvimento individual em determinado meio ambiente[13].

Em seu artigo "Autismo" aparece novamente a dificuldade em estabelecer fronteiras claras entre o patológico e o não patológico. Ao referir-se a uma criança que poderia receber o diagnóstico de autismo, e falando da sua capacidade excepcional para decorar todos os horários de trens do Reino Unido – a ponto de alguns colegas suportarem seu comportamento bizarro pelo conforto de terem acesso a todos os horários ferroviários – afirma não haver uma linha divisória clara entre a especialidade que não pode ser socializada e a que torna uma pessoa famosa.

Um caso de nossa clínica parece ilustrar também de que forma uma capacidade pode ser tomada como algo irrelevante ou, uma vez socializada, transformar-se em uma ação significativa:

---

[12] O grifo é do próprio autor.

[13] Winnicott, D. W. (1971). "A criatividade e suas origens". In: *O brincar e a realidade*. Rio de Janeiro: Imago, 1975. p. 96, 97.

Por muito tempo discutimos o caso de João em nossas reuniões clínicas, e tivemos dificuldades em compreendê-lo, mesmo supondo que tinha um mundo interno rico e, arriscaríamos dizer, reflexivo. No grupo, João assumia a liderança dos jogos ou das conversas, ilustrando com ações o que estava sendo falado, completando as histórias. Sempre tinha uma enorme atração pelos livros que estavam à disposição na estante, trazendo-os para as psicanalistas. Ele manuseava livros com muita rapidez e de um modo desordenado, todos ao mesmo tempo. Para dar conta dessa avalanche que se abatia sobre elas, as psicanalistas organizaram a brincadeira da biblioteca. Às vezes ele escolhia algum livro que parecia ter relação com a conversa que se desenrolava; no entanto, as psicanalistas não estavam certas de que ele o fazia propositadamente. A psicanalista que o acompanhava na análise individual contou que não duvidava mais de que João estava lendo e se comunicava através dos títulos dos livros. Quando da viagem de seu pai, ele escolheu para ler As viagens de Gulliver; quando a mãe engravidou, ele propôs a leitura do livro De onde vêm os bebês; por ocasião do término do grupo do qual participava, ele trouxe Quem vai ficar com Léo?; por ocasião dos maus tratos que andou sofrendo de uma babá pegou o livro Saco de pancadas e frente a uma situação em que a analista interditou uma ação sua, durante a sessão, apresentou para a leitura Os direitos universais da criança[14].

---

[14] João foi acompanhado em sua análise individual por Ana Maria Rocha, que nos cedeu grande parte do material clínico aqui apresentado.

Como Winnicott, pensamos que nesses casos não se pode estabelecer nenhuma fronteira clara entre o normal e o anormal, e o máximo que podemos dizer é que algumas dessas capacidades podem ser monótonas, repetidas ou compulsivas e, em alguns casos, desprovidas de fantasias.

As repercussões em nossa clínica

Alguns casos de nossa clínica ilustram os efeitos das proposições winnicottianas e de suas repercussões em nossa prática, sobretudo quando elas nos ofereceram relevantes argumentos para abandonarmos a classificação de autismo.

Recentemente atendemos Roberto, um menino de dois anos, rechonchudo e simpático que, ao entrar na sessão, explorou primeiro a sala; descobriu alguns brinquedos, ficou entretido com eles e, rapidamente, a partir de alguns olhares de soslaio, encarou o psicanalista. Mostrou para ele, com muita satisfação, seus sapatos novos, ofereceu-lhe um belo sorriso e ainda reconfortou-o com uma cascata de vocalizações. Entre essas vocalizações, como que embrulhadas, vinham as palavras, assim: "aolhaolapaialadeaaao". Como a entonação e o ritmo não eram definidos, o analista tinha dificuldades de reconhecer as palavras e frases que Roberto falava.

Orgulhosíssimo quando era apontado para ele que parecia com o pai, o qual imitava na forma de andar e sentar-se, exibia-se sem pudor, como o faria qualquer outra criança da idade dele, nestas circunstâncias. Recusava-se a responder ao chamado do seu nome e, cantarolando, repetia algumas palavrinhas, aceitando as brincadeiras [...] Uma criança como muitas outras nesta mesma situação. A nota destoante apareceu no fim da sessão quando ele recusou-se a responder ao chamado dos pais, da tia e da irmã, fazendo de conta que não percebia que a sala fora invadida pelos familiares. Ele parecia ignorar de propósito a presença dos recém-chegados e, segundo o analista, isto ficou evidente porque ele mudou de atitude e de posição com a entrada dos familiares, dando as costas para todos.

Roberto era o terceiro filho, o caçula, uma criança tranquila, agradável, que se desenvolvia bem, segundo seus pais, de modo que achavam que não teriam nenhum problema com ele. Os pais de Roberto estavam preocupados com a primeira filha que apresentou, desde cedo, dificuldades advindas de um parto prematuro, e eles dedicavam-se mais a essa filha que, segundo pensavam, necessitava de maiores cuidados.

Quando completou um ano, Roberto começou a regredir no seu desenvolvimento. Os pais, preocupados com a perda de linguagem e com o fato de que ele não respondia mais aos seus chamados, iniciaram uma andança pelos especialistas: neurologistas, psicólogos, mil exames, viagens... Afinal, o diagnóstico de autismo foi ventilado e depois confirmado. Segundo contaram, o susto foi tamanho que não conseguiram nem se revoltar ou deprimir. Ausentaram-se, protegeram-se para não sentir, nem pensar sobre o significado daquele diagnóstico e ficaram apenas à procura do tratamento possível.

Na segunda sessão, os pais e Roberto entraram juntos no consultório. Roberto não ficou quietinho; mostrou-se muito ativo, explorou o consultório, depois os brinquedos, a mesa, e por fim aboletou-se no divã de onde fez rápidas explorações ao redor da cadeira do psicanalista. Foi até a mãe, até o pai e acabaram, graças a ele, todos – pai, mãe e o analista – muito próximos. Enquanto isso, ele se deitou de costas no divã, de pernas para o ar e terminou sendo cutucado, alisado, falado. Os três adultos, juntos, numa conversa calorosa, aconchegante, cheia de gosto, todos a falarem sobre Roberto, com Roberto e entre eles.

Diante de Roberto, poderíamos fazer duas perguntas que demarcam duas posições: uma primeira, qual é o quadro que esta criança apresenta, qual é o seu diagnóstico? Uma outra, como entender as soluções encontradas por Roberto para estar com sua família, de um modo que acalenta e junta, mas ao mesmo tempo organiza seu mundo, como um pequeno príncipe encantado? O tempo e a experiência clínica nos mostraram que era mais importante e mais útil a compreensão das soluções encontradas por ele para organizar o seu mundo do que buscarmos um diagnóstico. Suspender o diagnóstico de autismo em nossa clínica permitiu apreender melhor as crianças em seus processos singulares de desenvolvimento e nos tornou mais atentas às várias soluções por elas encontradas, em suas circunstâncias, ante o sofrimento psíquico que enfrentaram e enfrentam.

Enquanto pensávamos que ele nada entendia terminávamos também por nada compreender e, assim, perdemos o nosso filho.

Essa fala dos pais de Roberto, durante uma das sessões, confirma os efeitos iatrogênicos do diagnóstico precoce e mostra como os pais, ante o diagnóstico de autismo dado pelos profissionais ao seu filho, acabam presos num sistema de pensamento e terminam por sucumbir ante as metáforas que falam da impossibilidade e deficiência, desfazendo os laços entre eles e a criança.

Ele entende tudo, eu vi na sessão com o seu psicanalista [nos disse a mãe de Roberto, algumas sessões depois] *ele fazia tudo o que ele contava. Pensei: "Vou falar para meu marido e a minha irmã, que precisamos prestar atenção ao que falamos na frente dele. Não podemos falar tudo".*

Sem estar obliterada pelo diagnóstico de autismo e suas significações, a mãe de Roberto pôde retomar o seu lugar de mãe, pôde voltar a cuidar de seu filho, apresentando-lhe o mundo de forma paulatina. Pôde protegê-lo da avalanche que representa o acúmulo dos acontecimentos quando uma criança, muito pequena, é obrigada a dar conta do inusitado e estranho sem ter recursos psíquicos para elaboração e transformação da realidade externa. Quando esta proteção é retirada, supondo-se que ali nada existe, a própria criança fará um esforço suplementar para conseguir um mínimo de proteção e controle para sua sobrevivência.

Não era raro encontrarmos em algumas de nossas crianças um olhar de tristeza, quem sabe, uma dor pujante, que parecia mantê-los atentos e vigilantes.

Assim era Tião há alguns anos, sempre atento e muito tenso, cujo olhar expressava uma tristeza secular, enquanto, calado, manejava os brinquedos com cuidado.

Ou Marquinhos, com o aspecto do desamado – aquele cinzento aspecto da cor da pele que fala de desamor –procurando um "cagalo", aliás, tudo era "cagalo" e só tinha "cagalo". Sair da sessão, separar-se dos brinquedos era torturante; não tinha como confiar que na próxima sessão estaríamos todos vivos ali. Marquinhos, durante longo tempo, apenas desarticulava o corpo, de tal forma que o seu andar era sempre cambaleante e desconjuntado.

Por vezes algumas dessas crianças eram tomadas por crises de angústias dilacerantes. Lembramo-nos de Leandro, que terminava por adormecer, exausto de tanto chorar, antes do final da sessão. Separar-se dos familiares provocava nele tal sentimento de desproteção e desespero que ficava impedido de manter qualquer contato, de participar das brincadeiras que se desenrolavam entre as crianças e de usufruir de novas experiências. Seu silêncio e sua introversão o deixavam fora do convívio com as crianças.

> *Ou ainda Carla, que, quando deixada por sua mãe na porta da sala onde aconteciam as sessões de grupo, entrava em pânico, virava a própria imagem do desamparo e caía num choro tão desesperado que só cessava quando adormecia no colo da terapeuta. Enquanto ela dormia, as outras crianças do grupo ao qual pertencia continuavam brincando, andando na ponta dos pés e falando baixinho para não acordá-la.*

Winnicott pensa o autismo como problema do desenvolvimento infantil e não como doença ou quadro nosográfico. Nós pensamos o autismo como um modo de subjetivação. Em qualquer das hipóteses o que podemos concluir é que devemos pensar o indivíduo enfatizando suas relações singulares com o meio ambiente e escutar as soluções por ele encontradas ante o sofrimento psíquico.

> *Hoje, nosso pequeno Tião, com seu sorriso travesso e olhinhos brilhantes, está prestes a transformar-se em um intelectual. Um pouco de obsessividade não faz mal a ninguém.*

> *Marquinhos conseguiu "juntar-se" e a inveja ancestral que apareceu em seguida, impedindo-o de participar das brincadeiras, foi transformada em uma competição que possibilitou, através do brincar, apropriar-se das insígnias masculinas próprias de nossa cultura.*

Leandro, pelas dificuldades da família, abandonou o grupo, e seguiu a análise individual. Hoje, esse medroso de antigamente, se relaciona com o mundo de várias maneiras: ora sobe em um muro alto, assustando e captando a atenção de todos, como que exigindo deles os seus olhares constantes na esperança de que consigam sustentar os seus arroubos; ora inflige rituais, a si e ao seu entorno, tentando um controle obsessivo do mundo; ora se põe a desenhar e brincar com terrificantes monstros e bruxas, tateando entre soluções criativas e menos cansativas.

Carla, que hoje nas brincadeiras do grupo é dona de um Salão de Beleza, falante e autoritária, com uma vida fantasmática viva e rica, usa o brincar como via privilegiada de elaboração de suas relações com o meio ambiente.

Carla, Marquinhos, Leandro, Tião, qualquer uma dessas crianças poderia ter recebido um diagnóstico de autismo ou ser colocada sob fortes suspeitas de que estaria desenvolvendo um quadro dessa natureza. A nossa opção em escutá-las sem nenhuma preocupação diagnóstica possibilitou que os acompanhássemos em suas trajetórias singulares. Winnicott nos ajuda a trilhar esses caminhos, à medida que nos oferece uma nova forma de pensar o ser humano e suas relações com a cultura, abrindo o leque e ampliando o repertório das possibilidades de arranjos na constituição do psiquismo, permitindo a construção de novas narrativas para descrever os modos de subjetivação que não possuem os atributos metapsicológicos da neurose.

Como nos diz Winnicott acerca dos limites da teoria do Édipo para interpretar as graves afecções psíquicas dos bebês, "[...]se a teoria não se ajustar a isso, ela terá de ajustar a si própria"[15].

Na contramão da metapsicologia freudiana

As proposições winnicottianas, sobretudo aquelas contidas nos textos sobre o autismo e as psicoses infantis, não induzem apenas, como sugerimos, a uma desconstrução da noção de autismo e das classificações psicopatológicas. Elas nos levam também a refletir sobre o homem freudiano, à medida que oferecem uma forma diferente de conceber a existência humana e os modos de estar no mundo. Ao deslocar o foco da sexualidade, que para Freud é constituinte do psiquismo, e voltá-lo para os modos do acontecer psíquico, centrados nas relações criativas com o mundo, possibilitadas pela maternagem, Winnicott cria um novo paradigma que se contrapõe à metapsicologia freudiana do psiquismo e da cultura.

"Um bebê é algo que não existe." Foi com essa frase curiosa que Winnicott surpreendeu a todos numa reunião científica da *British Psycho-Analytic Society*, na década de 40. Um bebê não existe a não ser que a mãe que cuida e materna o frua e o crie; o bebê winnicottiano depende do outro, indispensável para

---

[15] Winnicott, D. W. "Pós-escritos: D. W. W. sobre D. W. W.". In: *Explorações psicanalíticas*. Porto Alegre: Artes Médicas, 1994. p. 438.

sua invenção. A mãe (ambiente) torna possível a experiência da existência, identificando-se com seu bebê e adaptando-se a ele. Winnicott falou, assim, do papel decisivo da maternagem na construção de uma existência, concebida como um processo interminável que se atualiza ao longo do tempo da existência de um homem, num contínuo devir.

O meio ambiente, representado pela mãe ou por aqueles que cuidam do bebê, tem a função primordial de construir um espaço onde seja possível a experiência criativa, através da sustentação da atividade pulsional e de sua transformação em experiências vitais que vão construindo a sensação de existir de forma útil e contínua. Esse espaço, denominado por Winnicott "espaço intermediário", é, antes de tudo, um espaço lúdico, em que mãe e bebê brincam de forma sobreposta e que, sustentado pela experiência de ilusão/desilusão, possibilita aos dois inventar e reinventar, de forma permanente, a si mesmos e a realidade.

Em outras palavras, Winnicott concebe a relação mãe-bebê como uma área de experiência concernente aos dois. Construída por um bebê que procura e encontra – não que alucina – e por uma mãe que apresenta algo no lugar mesmo em que o bebê esperava encontrar. Essa área, assim construída, fomenta a ilusão no bebê de que aquilo que lhe é externo foi uma criação sua[16] e confirma para a mãe a ilusão de que pode satisfazer todas as necessidades do seu bebê.

---

[16] O conceito de ilusão, espaço de ilusão, como sabemos, ocupa um lugar de muita relevância na teoria winnicottiana. Sobre isso, ver: Winnicott, D. W. (1951)

Diferente do bebê freudiano, o bebê winnicottiano não inicia a vida psíquica graças à alucinação, e diferente da mãe freudiana ou laplanchiana, a mãe winnicottiana não seduz seu bebê no sentido de acordá-lo para a vida. Ela o cria, o inventa e o encontra quando o bebê lhe dá os sinais de que ele aconteceu. Ao mesmo tempo ela cria e inventa uma mãe na relação com o seu bebê.

Se, para Freud, o psiquismo se constitui pela ação do recalque sobre a força pulsional, daí a importância dada por ele à interdição, para Winnicott o recalque não tem a mesma importância; na constituição do psiquismo, o relevo é dado à transformação da força pulsional do bebê em atividade criativa cujo agente principal é a maternagem. A ideia de um psiquismo constituído pelo recalque induz a compreender o sintoma e o sofrimento psíquico como o retorno do recalcado. Foi sobre esse alicerce que Freud construiu a sua metapsicologia do sujeito e da cultura. Winnicott nos indica outras possibilidades de compreensão desse sofrimento: a perda da capacidade criativa que reduz a capacidade de brincar, enquanto ação transformadora do meio ambiente e do elã vital, lançando o indivíduo em experiências de interrupção da existência, levando-o a construir os mais variados arranjos psíquicos para sobreviver à angústia impensável[17]. Desviando o foco da interdição, representada

---

"Objetos transicionais e fenômenos transicionais". In: *Textos selecionados: da pediatria à psicanálise*. Rio de Janeiro: Francisco Alves, 1978.

[17] O conceito de angústia impensável foi desenvolvido por Winnicott para descrever as experiências de perda do sentimento de continuidade de existência. Sobre

AUTISMO: CONSTRUÇÕES E DESCONSTRUÇÕES

pela lei paterna, Winnicott deu à ação transformadora e criativa do meio ambiente, representado pela maternagem, um relevo especial na construção da subjetividade.

Privilegiou, assim, a cultura como o lugar por excelência da construção da experiência e da expressão subjetivas, espaço onde é possível encontrar, trocar, jogar e brincar. Nesse sentido, qualquer ação humana pode ser tomada como uma ação do homem na cultura, como a expressão do engendramento do simbólico e do pulsional, desde que o bebê e os outros (a mãe, o meio ambiente), numa espécie de parceria[18], construam um espaço intermediário passível de sustentar a capacidade criativa do indivíduo.

Para chegar a essas novas formulações sobre a constituição do psiquismo, e a formular novas maneiras de falar e pensar o sofrimento dos seres humanos que tiveram de sobreviver e

---

isto, ver: Barros, M. H. "Uma contribuição de D. W. Winnicott para a clínica do autismo: a noção de angústia impensável. In: Rocha, P. (Org.). *Autismos*. São Paulo: Escuta, 1997.

[18] Chamou-nos muita atenção a utilização do termo "parceria". (Winnicott, D. W. (1965). *A família e o desenvolvimento individual*. São Paulo: Martins Fontes, 1993. cap. 2, p. 21.), sobretudo quando tomamos contato com algumas ideias de Jurandir Freire Costa, através das quais ele questiona o caráter ontológico do desamparo para o sujeito. *Grosso modo*, Costa propõe que essa é uma ideia produzida pela tradição cultural ocidental em que a existência humana foi habitualmente pensada pela via da autonomia *versus* heteronomia do sujeito na relação com o outro. Segundo pensamos, quando usa o termo "parceria" para se referir à relação mãe/bebê, Winnicott parece se colocar em um campo semântico que não permite pensar a constituição do sujeito pela via da autonomia *versus* heteronomia em relação ao outro e nos impulsiona a construir outras alternativas. Sobre isto, ver: Costa, J. F. O mito psicanalítico do desamparo. *Ágora: Estudos em teoria psicanalítica*, v. 3, n. 1, p. 34-35. Programa de Teoria Psicanalítica do Instituto de Psicologia da UFRJ, 2000.

conviver com a experiência de angústia impensável, Winnicott valeu-se de sua vasta e longa experiência de trabalho.

No contexto da clínica psicanalítica com as crianças que acompanhamos – as que apresentam muito cedo intensos sofrimentos psíquicos – pode ser muito útil pensar com Winnicott a constituição do psiquismo como um devir, um criar-se constante e inesgotável, em que, na relação com o semelhante, porém diferente, a singularidade é permanentemente construída e afirmada.

As teorias que oferecem matrizes únicas e universais para pensar os processos de subjetivação – tais como as teorias da sexualidade e do Édipo – tornam-se cada vez mais inviáveis e ineficazes para dar conta de um indivíduo que só pode ser pensado no singular. No paradigma freudiano – sustentado por uma concepção do psiquismo estruturado por meio do recalque – as teorias da sexualidade e do Édipo parecem ganhar essas feições universalistas e normatizantes, o que torna impossível a apreensão de alguns modos de estar no mundo sem classificá-los como desviantes dos modos neuróticos do funcionamento psíquico que, nesse paradigma, ganham o estatuto da forma desejável e esperada de existência humana, ideal de subjetivação.

As descrições, não só dos "autistas", mas dos psicóticos, dos drogaditos, dos deprimidos e dos "panicados", de todas essas formas de sofrimento contemporâneas que parecem tão díspares em relação às neuroses, não escaparam da tendência de serem narradas na negativa, como impossibilidade e falta, uma vez que não há outra trilha a percorrer se o recalque é posto como condição de subjetivação, de acesso à linguagem e à cultura. Não há outro caminho se continuarmos a atribuir à neurose o estatuto de constituição do sujeito, modo ideal de subjetivação, a forma "correta" de estar no mundo. Por mais que tenhamos estendido o campo psicanalítico para esses outros modos de subjetivação diferentes da neurose, algumas narrativas psicanalíticas sobre esses estados insistem em fazê-lo a partir do paradigma freudiano, no qual o recalque e a interdição têm um lugar central, gerando, muitas vezes, além das complicações e incoerências teóricas, um afastamento da clínica.

Não pretendemos negar que algumas experiências psíquicas podem ser descritas em torno da interdição, no entanto, a clínica nos mostra outros modos de estar no mundo que pouco ou nada têm a ver com esse tipo de experiência. É justamente isso que mais aprendemos com os indivíduos que encontraram soluções para estar no mundo, diferentes dos ideais da neurose. As nossas crianças certamente tiveram de se confrontar com a ameaça de interrupção da existência, antes mesmo de ter de encontrar formas para lidar com o conflito imposto pela interdição.

Francis Tustin[19] nos mostrou isso muito bem quando se deparou, como relata, com os limites da teoria kleiniana – referencial teórico de sua prática – para dar conta da experiência de John, uma criança autista, que se descrevia ante um buraco

---

[19] Ver o cap. 3 deste livro.

negro sem fundo e estava tomada pela terrificante sensação de um cair sem fim. Essa experiência, longe de remeter às angústias de castração ou perseguição, diziam respeito à sensação da perda do objeto associada à perda de uma parte do corpo que o objeto perdido levou consigo.

Os efeitos de um testemunho: positivando um modo de subjetivação

O livro autobiográfico de Donna Williams – uma jovem australiana que se diz e a quem deram o diagnóstico de autista – é também um relato extraordinário de subjetivação ante a ameaça de interrupção da existência, a difícil tarefa de se confrontar tão cedo com intenso sofrimento psíquico e a necessidade de transformar o que é diferente em dominável e conhecido.

> As pessoas sempre diziam que eu não tinha amigos. Mas o meu universo era preenchido de amigos. E esses amigos eram maravilhosos, dignos de confiança, previsíveis e reais, diferente de todas as outras crianças. E, sobretudo, eles ofereciam as garantias de uma perfeita segurança. Era um mundo que eu tinha criado, onde não precisava me violentar para me controlar. Era um mundo onde os objetos, os animais e a natureza podiam se contentar de existir em minha presença. Tinha dois outros amigos que não pertenciam

ao mundo físico e os quais eu tinha aceito no meu: os fios mágicos, certamente, mas também um par de olhos verdes que se escondiam embaixo da minha cama e que batizei com nome de Willie[20].

O que nos chamou ainda mais a atenção foi a tradução francesa do título do livro de Donna *Se me tocarem, não existo mais*, que não deixa de evocar tanto Freud como Winnicott e nos levou a curiosas associações: como podemos imaginar a constituição do eu, eu corporal, a partir da superfície da pele, sem o contato físico com a mãe? Como um bebê pode dispensar seu cobertor para sobreviver?

Neste quarto escuro onde se esconde
na companhia das sombras,
Você sabe que ELES não a esquecem e virão buscá-la.
Não pergunte por que tem o coração partido,
Engula o choro e se levante.
Do seu mundo envidraçado
Você olha passar o outro mundo
E se acredita em segurança.
Você, que ninguém pode tocar.
Mas toma cuidado, um vento gelado sopra
Nas profundezas de sua alma,
E quando se achar fora de alcance,

---

[20] Tradução das autoras.

será tarde demais.

Fuja. Não se detenha, mesmo vacilante.

Contente-se com um aceno

se alguém passar por perto.

Toda essa gente que lhe sorri

Como se fosse uma criança, quando lhe vê chorar,

nem sonha quanto mal lhe faz.

Então, siga este conselho, palavra de entendido,

Não pense duas vezes, abre os ouvidos:

Corra e se esconda nos desvãos da alma,

Reencontre a solidão,

Você que em nenhum lugar é alguém[21].

Um outro depoimento de Donna é tão enfático quanto sua poesia para nos falar de como a continuidade da existência pode estar ameaçada quando o meio ambiente é apresentado como estranho e das soluções de sobrevivência encontradas:

Me lembro do meu primeiro sonho, no mínimo do primeiro que minha memória registrou. Estava vagando no branco, tudo branco e me encontrava rodeada das pequenas manchas coloridas. Estava rindo muito, isso me fazia rir. Assim que acordava tentava dar continuidade ao mundo do sonho, olhava a luz de frente que entrava pela janela e batia na minha cama, esfregava com força os olhos, esfregava e lá vinham elas, as pequenas manchas

---

[21] Williams, D. *Si on me touche, je n'existe plus*. Paris: Robert Laffont, 1992.

coloridas, e eu ficava rindo. Para! Lá vinha o intruso. Mas eu
o ignorava, voltava para minhas manchas, ria e esfregava [...]
Uma tapa descia. Começava a fazer a aprendizagem do "mundo".
Aprendi rapidamente, se os intrusos passam na frente posso me
concentrar no desejo de ver as pequenas manchas e, de novo,
todo o resto desaparecia[22].

O cobertor é uma boa metáfora para falar das primeiras relações mãe-bebê, dessa unidade a dois, para evocar as relações que se constituem a partir das sensações táteis, olfativas e auditivas, deste mundo absolutamente individual, que, no entanto, é o primeiro veículo de comunicação com o mundo externo. Como diz Winnicott, "inicial não é profundo [...]; um bebê precisa de tempo e desenvolvimento antes que a profundidade apareça..."[23]. Podemos pensar que essas relações são um território de comunicação, de trocas, da continuidade e da experiência de existir; afinal, território precursor da comunicação à distância, que se efetiva com a experiência da descontinuidade, da ausência que afirma e evidencia a presença, o encontro com os outros.

Deixar o bebê rejeitar o cobertor, permitir-lhe essa forma de isolamento e resgatá-lo de modo compassado e periódico é uma parte essencial da qualidade rítmica precoce do desenvolvimento humano. No processo de um bebê se isolar, a mãe deve

---

[22] Idem.

[23] Winnicott, D. W. (1969). "Fisioterapia e relações humanas". In: *Explorações psicanalíticas*. Porto Alegre: Artes Médicas, 1994. p. 442.

permitir que ele a substitua, a exclua (oblitere sua existência tanto como objeto quanto como entorno).

> Uma das facetas mais difíceis de ser mãe é a dor acarretada pelo sofrimento de não poder ser mãe. A mãe precisa tolerar a experiência de não existir para seu bebê sem ser tomada pelo sentimento de depressão, medo ou raiva. Ao invés disso, deve ser capaz de esperar enquanto seu ser-mãe--como-entorno está suspenso e deve consentir que o seu filho tenha seu santuário[24].

Podemos também pensar no cobertor como aquilo que envolve o bebê, o sustenta e maneja, que tem as funções de aconchegar, limitar, apresentar-lhe o mundo levando em conta suas necessidades e possibilidades. Se isso acontecer a contento dos envolvidos, mãe e bebê, torna-se possível que este aceite e usufrua de sua solidão, mas pertencente a uma fratria; que reconheça num estranho um semelhante.

O que Donna nos fala é de um modo diferente de usufruir do santuário, de estar nele e voltar. Se pensarmos que a volta depende da presença sem exigência da mãe, ou de seu substituto, e da qualidade da atmosfera imediata na qual poderia aterrissar sem se chocar, podemos imaginar que o grau de tensão provocado pela presença deve ser proporcional à capacidade

---

[24] Ogden, T. (1994). *Os sujeitos da psicanálise*. São Paulo: Casa do Psicólogo, 1996. p. 174.

da mãe de sustentar e transformar suas próprias experiências pulsionais. Às vezes, o bebê e a mãe pouco se encontram para constituir um lugar ou um limite; estranham-se e o mundo pode tornar-se estranho, exigente e implacável. Parece que foi o que aconteceu com Donna e do que ela teve de dar conta.

Mas há um outro aspecto do cobertor que precisamos abordar para entender outras vivências de Donna. O que o bebê pode sentir, perceber ou captar do mundo externo parece ser, num primeiro momento, tão inexistente e tão existente que lhe dá a possibilidade de reconhecer, como seu, o que é de fora. Depois, e só depois, poderá reencontrá-lo fora.

> Eu precisava de uma intimidade pessoal e de um espaço privado, protegido e seguro, para me dar a coragem de explorar o mundo e de sair passo a passo do meu mundo sob vidro[25].

Podemos imaginar um bebê com seu cobertor, algo que o envolve, como algo que também assinala os limites do corpo, ou melhor, torna os contornos do corpo aceitáveis, ou melhor, sensíveis, ou melhor, agradáveis. Funcionando como um cobertor, é o corpo da mãe que permite a constituição dessas sensações. Se, para o bebê, ele e o cobertor são a mesma coisa, vamos ter de pensar que o que mais importa é a sensação do agradável. Não sendo assim, a superfície corporal do bebê sofrerá e, poderíamos dizer, criará uma ojeriza ao toque, ao contato com o mundo,

---

[25] Wiliams, D. *Si on me touche, je n'existe plus*. Paris: Robert Laffont, 1992. p. 310.

e ele, o bebê, não vai "querer" voltar do seu santuário. Assim compreendido, o título do livro de Donna, "*Se me tocam deixo de existir*", ganha sentido.

A partir daí podemos pensar que, para sobreviver, Donna precisou fazer uma série de manobras e suas descobertas do mundo processaram-se de tal forma que ela estava sempre atenta para evitar a proximidade. Com certeza teve "muitos amigos", criados a partir das sensações provocadas por ela mesma, que podiam ser controlados, que não geravam as tensões próprias ao mundo intersubjetivo, imprevisível. A descrição que Donna faz do seu adormecer parece mostrar-nos como ela transformou seu cobertor em uma espécie de para-choque, proporcionando-lhe sensações apaziguadoras, e a protegia quando pressupunha que a proximidade era invasora. O que era experimentado ao adormecer ultrapassava sua capacidade de transformar e criar a realidade tornando-a confiável. A dificuldade com a qual ela se confrontava é que o seu cobertor dependia inteiramente dela; dito de outra forma, ela só contava com ela mesma, como se não tivesse a experiência de ser uma entre os semelhantes.

> Tinha medo de dormir, sempre tive medo. Dormia de olhos abertos durante longos anos [...] Minha primeira lembrança de fios mágicos data da época em que fui dormir numa cama. Eu deveria estar na nossa nova casa, apesar de que ela se confundia, no meu espírito, com a velha. Nesta casa, não conseguia encontrar os cômodos nos lugares esperados

AUTISMO: CONSTRUÇÕES E DESCONSTRUÇÕES

> e isso me perturbava muito. Gostava de conhecer o lugar de cada coisa, como também o lugar dos meus pais. Tinha necessidade de saber onde cada um estava, como também de esperar que todo mundo adormecesse. Esticada na minha cama, dura e silenciosa, espreitando os barulhos atenuados da casa, ao mesmo tempo que meu olhar se refugiava nos fios mágicos transparentes que voavam em cima de mim.
>
> Esses fios mágicos eram minúsculas criaturas [...] Os fios eram quase transparentes, mas bastava elevar o olhar para além deles que eles se tornavam extremamente presentes.
>
> Minha cama... totalmente coberta pelos pontinhos minúsculos, que eu chamava de estrelas, como uma espécie de caixão de vidro de uso ritual e místico [...] onde eu me sentia segura com cobertor de estrelas [...] mas não podia fechar os olhos. Se fechasse os olhos, as estrelinhas desapareciam e os invasores chegavam [...]"[26].

A partir do relato de Donna podemos imaginar que ela constituiu sua subjetividade a partir da recusa de ir ao encontro dos estranhos que a esperavam na saída do santuário. Na tentativa de apaziguar as tensões presentes na relação com o meio ambiente – que é sempre existente/inexistente – Donna produziu e criou sensações, povoando seu mundo ricamente,

---

[26] Idem, p. 27.

firmando-se cada vez mais em seu santuário e escapando "do mundo dos invasores". Ao "dispensar" a passagem de volta do santuário, dispensou o cobertor e levou as marcas do seu isolamento, da sua singularidade para sempre na qualidade da voz, no ritmo e na entonação da fala, na percepção do mundo, na relação corporal com os outros.

As experiências vividas por John, narradas por Francis Tustin, por Donna e por tantos outros indivíduos que tiveram de enfrentar intensos sofrimentos psíquicos muito cedo, parecem falar das soluções que precisaram encontrar ante as experiências de ameaça de interrupção da existência, quando a sensação de existir de forma integrada e contínua num tempo foi fortemente abalada. Nos dizeres de Winnicott, esses sujeitos foram lançados em angústias impensáveis, que nada têm a ver com a angústia de castração nem com o contexto em que se desenvolve. Se para forjar o conceito de angústia de castração Freud situou o bebê entre o pai e a mãe, e o concebeu como um pequeno Édipo em busca do prazer, para Winnicott o bebê está no colo da mãe e a sua "tarefa" é existir, construir uma vida que valha a pena ser vivida.

Referências[1]

AJURIAGUERRA, J. *Manuel de psychiatrie de l'enfant*. Paris: Masson, 1970.

_____.; MARCELLI, D. *Psychopathologie de l'enfant*, Paris: Masson, 1984.ALVAREZ, A. Two regenerative situations in autism: reclamation and becoming vertebrate. *J. Child Psychotherapy*, 4, 1980.

ALVES, C. O autismo e sua saída: o pai demorado. In: *Letra Freudiana*, Rio de Janeiro: Revinter, 1995.

AMAR, M. *Essai sur l'évolution de la nosographie des psychoses infantiles*. Thèse de médecine, Bordeaux, 1972.

ANTHONY, E. J.; CHILAND, C.; KOUPERNICK, C. *L'enfant dans la famille, l'enfant vulnérable*. Paris: Presses Universitaires de France, 1982.

ANTHONY, J. An experimental approach to the psychopathology of childhood: autism. *British J. Med. Psychol.*, 31, 1958.

ANZIEU, D. et al. *Les enveloppes psychiques*. Paris: Dunod, 1987.

ARIÈS, P. *História social da criança e da família*. Rio de Janeiro: LTC, 1978.

AUBIN, H. *Les psychoses de l'enfant*. Paris: Presses Universitaires de France, 1975.

---

[1] A presente lista não se limita aos trabalhos citados no texto. Foram incluídos nela livros, revistas e artigos relevantes para o estudo do autismo, com a finalidade de proporcionar ao leitor material para uma eventual pesquisa mais detalhada sobre o tema.

AULAGNIER, P. Le retrait dans l'hallucination, un équivalent du retrait autistique. In: *Lieux de l'enfance*, 3, 1985.

_____. Alguém matou alguma coisa. In: *Um intérprete em busca de sentido – II*. São Paulo: Escuta, 1990.

AXILINE, V. *Dibs*: in search of self. Londres: Victor Gollancz, 1966.

BARANES, J. J. L'institution thérapeutique comme cadre. In: *Adolescence*, v. 2, n. 1, p. 123-141, 1984.

_____. A soi-même étranger. *Rev. Fr. Psychanal.*, v. 4, p. 1079-1096, 1986.

BEAUCHESNE, H. L'origine de la notion d'autisme en psychopathologie. *Perspective Psychiatrique*, v. 4, n. 103, p. 273-279.

BELEY, A.; BOBIN, P.; LEYRIE, J. Le problème des "schizophrénies infantiles". *Ann. Med. Psycho.*, 1, p. 247-252, 1956.

BENDER, L. Childhood schizophrenia. *Nerv. Child*, 1, p. 138-140, 1942.

_____. Childhood schizophrenia: a review. *J. Hillside Hop.*, 16, p. 356, 1967.

BENENSON, R. G. *O autismo, a família, a instituição e a musicoterapia*. Rio de Janeiro: Enelivros, 1987.

BENOIT et al. A propos des modèles historiques, institutionnels, individuels, cliniques et structuraux utilisés délibérément ou non au cours du diagnostic de psychose infantile. *Congrès de Psychiatrie et de Neurologie de Langue Française*, LXVII Session, Bruxelles, p. 293-296, 1969.

BERLINCK, M. T. (Org.). *Histeria*. São Paulo: Escuta, 1997.

_____. *Psicopatologia fundamental*. São Paulo: Escuta, 2000.

BERQUEZ, G. *L'autisme infantile*: introduction à une clinique relationnelle selon Kanner. Paris: Presses Universitaires de France, 1983.

BETTELHEIM, B. Milieu therapy: indications and illustrations. *Psychoanal. Review*, 36, 1949.

_____. *Love is not enough*: the treatment of emotionally disturbed children. Glencoe: The Free Press, 1950.

_____. *Truants from life*. Glencoe: The Free Press, 1955.

_____. Childhood schizophrenia. *Am. J. Orthopsychiat.*, 26, 1956.

_____. Shizophrenia as a reaction to extreme situations. *Am. J. Orthopsychiat.*, 26, p. 507-518, 1956.

_____. Psychiatric consultation in residential treatment. The Director's View. *Am. J. Orthopsychiat.*, 28, 1958.

_____. Mechanical boy. *Sci. Am.*, v. 200, n. 3, p. 116-127, 1959.

_____. Training the child-care worker in a residential center. *Am. J. Orthopsychiat.*, 36, 1966.

_____. The ultimate limit. *Midway*, 9, 1968.

_____. *Les enfants de rêve*. Paris: Laffont, 1971.

_____. *Un lieu pour vivre*, Paris: Seuil, 1976.

_____. *Survivre*. Paris: Laffont, (1952), 1979.

_____. *A fortaleza vazia*. São Paulo: Martins Fontes, 1987.

_____.; SYLVESTER, E. A therapeutic milieu. *Am. J. Orthopsychiat.*, 18, 1948.

_____.; WRIGHT, B. Staff development in a treatment institution. *Am. J. Orthopsychiat.*, 25, 1955.

BIBRING, E. The mecanism of depression. In: GREENACRE, P. (Ed.). *Affective disorders*. New York: International Universities Press, 1953.

BICK, E. Notes on infant observation in psychoanalytic training. *Int. J. Psycho-Anal.*, 45, p. 558-561, 1964.

_____. L'expérience de la peau et les relations d'objet précoces. *Int. J. Psycho-Anal.*, 49, p. 484-486, 1968.

BION, W. R. *Aux sources de l'expérience* (1962). Paris: Presses Universitaires de France, 1979.

BLEULER, E. Autistic thinking. *Am. J. Insanity*, 69, 1913.

_____. L'invention de l'autisme. *Analytica: Cahiers de Recherche du Camp Freudian*. Paris: Navarin, 1988.

BOURCIER, G. et al. Psychose infantile et institution: le processus thérapeutique. *Perspectives psychiatriques*, 26, 1987.

BRAUNER, A.; BRAUNER, F. *Vivre avec un enfant autistique*. Paris: Presses Universitaires de France, 1978.

BUCKLE, D. F.; LEBOVICI, S. Indications du traitement en institution et en hôpital de jour. In: AJURIAGUERRA, J. *Le choix thérapeutique en psychiatrie infantile*. Paris: Masson, 1967.

CAHN, R. Espace transitionnel et institution thérapeutique. In: *Adolescence terminée, adolescence interminable*. Paris: Presses Universitaires de France, 1985.

_____. Approche métapsychologique du processus thérapeutique em institution de soins pour jeunes psychotiques. *Perspectives psychiatriques*, 8, 1987.

CAMPBELL, M. et al. *Nouvelles approches de la santé mentale de la naissance à l'adolescence pour l'enfant et la famille*. Paris: Presses Universitaires de France, 1990.

CAVALCANTI, A. E. A construção do espaço analítico institucional. *Bol. Novidades Pulsional*, 75, 1995.

_____. Psicanálise e linguagem: da natureza e da especificidade do discurso analítico. *Bol. Novidades Pulsional*, 75, 1995.

CHILAND, C. L'autisme infantile: une discussion. *Nouvelles approches de la santé mentale de la naissance à l'adolescence pour l'enfant et sa famille.* Paris: Presses Universitaires de France, 1990.

_____. et al. *Nouvelles approches de la santé mentale de la naissance à l'adolescence pour l'enfant et as famille.* Paris: Presses Universitaires de France, 1990.

CLAUDE H.; HEUYER, C.; LACAN, J. Un cas de démence précocissime. *Ann. Med. Psycho.*, 1, 1933.

COLLOMB, H. Le langage, le groupe et la psychose. *Psychanalyse à l'Université*, 1980.

CRAMER, B. Fonctionnement mental précoce et interactions méreenfant. *Topique*, 35-36, p. 151-172, 1985.

CREAK, M. Schizophrenic syndrome in cildhood. *Brit. Med. J.*, 2, 1961.

DAYMAS-LUGASSY, S.; GAETNER, R. Une expérience originale dans un hôpital de jour pour enfants. In: *Vers l'éducation nouvelle*, 1977. p. 258.

DE ASTIS, G.; GIANNOTTI, A. Dentition: a fundamental element in normal and pathological development. *British J. Psychotherapy*, 1985.

DE VILLARD, R. *Psychoses et autisme de l'enfant.* Paris: Masson, 1984.

DEBRAY, R. *Bebês/mães em revolta.* Porto Alegre: Artes Médicas, 1988.

DELWARD, M.; DULLIN, P.; PARIS, M. C. Une forme clinique de manifestation autistique précoce; le syndrome de West. Psychothérapie de ces enfants. *L'évolution psychiatrique*, 53, 1988.

DESPER, T. Thinking and motility disorder in a schizophrenic child. *Psychiat. Q.*, 15, p. 552-536, 1941.

DIATKINE, R. Prépsychose de l'enfant, psychoses et schizophrénies du jeune adulte. *Actualités psychiatriques*, 2, p. 25-27, 1974.

_____. Linguistique et psychopathologie infantile. *Rev. Neuropsychiat. Infantile et d'Hygiène Mentale de l'Enfance*, v. 25, n. 2, p. 117-128, 1977.

_____. Familles sans qualités: les troubles du langage et de la pensée dans les familles carencées. *Psychiatrie de l'Enfant*, v. 22, n. 1, p. 237-273, 1979.

_____. Troubles du langage au cours de son développement. *Enc. Méd-Chir.*, 1981.

_____. Autour du texte de Donald Meltzer. *Lieux de l'enfance*, 3:111-132. 1985.

_____. La psychanalyse devant l'autisme infantile. *Topique*, 35-36, p. 25-46, 1985.

_____. Une conception psychanalytique de l'étiologie: à propos de l'autisme infantile précoce. *Nouvelles approches de la santé mentale de la naissance à l'adolescence pour l'enfant et sa famille*. Paris: Presses Universitaires de France, 1990.

_____. La psychanalyse et le psychisme de l'enfant. *Psychiatrie de l'Enfant*, v. 34, n. 1, 1991.

_____. et al. *Psychose et changement*. Paris: Presses Universitaires de France, 1991.

_____.; AVRAM, C. Nouvelles voies thérapeutiques en psychiatrie de l'enfant. L'unité de soir. *Psychiatrie de l'Enfant*, v. 25, n. 2, p. 387-422, 1982.

_____.; BARANES, J. J. L'unité de soins intensifs du soir. *L'information psychiatrique*, v. 49, n. 7, p. 649-954, 1973.

_____.; DENIS, P. Les psychoses infantiles. In: LEBOVICI, S.; DIATKINE, R.; SOULÉ, M. *Traité de psychiatrie de l'enfant et de l'adolescent*. Paris: Presses Universitaires de France, 1985.

_____.; HOCHMANN, J. et al. Psychanalyse et institutions pour l'enfant, compte rendu du Colloque de Monaco. J. *Psychanal. de l'Enfant*, 3, p. 119-171, 1987.

_____.; STEIN, C. Les psychoses de l'enfant. *Évolution Psychiatrique*, 3, p. 277-322, 1958.

_____.; KALMANSON, D. Psychoses infantiles. *Enc. Méd. Chir. Psychiat.*, M. 10 et M. 30, p. 37-299, 1959.

DOLTO, F. *L'image inconsciente du corp*. Paris: Seuil, 1984.

DUCHÉ, D. J. Le délire dans les démences de l'enfant. *Rev. Neuropsychiat. Infantile*, 3-4, p. 115-118, 1960.

_____. Évolution des idées sur les psychoses infantiles et l'autisme infantile. *La Revue du Praticien*, v. 20, n. 23, p. 3449-3465, 1970.

_____. *Histoire de la psychiatrie de l'enfant*. Paris: Presses Universitaires de France, 1990.

_____; STORK, H.; TOMKIEWICZ, S. Les psychoses infantiles. Rapport au Congrès de Psychiatrie et Neurologie de Langue Française. Bruxelles, 1969. (In Compte rendu du Congrès. Paris: Masson, 1970).

DUGAS, M. et al. L'enfant psychotique et le langage. *La Revue du Praticien*, v. 20, n. 23, p. 3479-3489, 1970.

DUREY, B. *Autismes et humanité*. Paris: Théétété Éditions, 1995.

EISENBERG, L. The fathers of autistic children. *Am. J. Orthopsychiat.*, 27, p. 715-724, 1957.

_____.; KANNER, L. Early infantile autism. *Am. F. Orthopsychiat.*, 26, p. 556-566, 1956.

ERICSON, N. O autismo na estrutura: Rosine e Robert Lefort. *Letra Freudiana.* Rio de Janeiro: Revinter, 1995.

FERMANIAN, J. *Contribution à la méthodologie des essais thérapeutiques em psychiatrie. Étude des problèmes théoriques et pratiques posés par l'utilisation des échelles d'évaluation.* Thèse pour le doctorat d'état en Biologie Humaine. Paris: 1979.

FERNANDEZ, R. M. O buraco negro: Frances Tustin. *Letra Freudiana.* Rio de Janeiro: Revinter, 1995.

FERRARI, M.; MATHEWS, W. S. Self-recognition deficits in autism. *J. of Autism and Dev. Dis.*, v. 13, n. 3, p. 317-324, 1983.

FERRARI, P. *L'autisme infantile précoce.* Rapport au Congrès annuel de la Société Française de Psychiatrie de l'Enfant et de l'Adolescent, 1982.

_____. Approche pluridisciplinaire de l'autisme et des psychoses infantiles précoces. *Neuropsychiatrie de l'Enfance et de l'Adolescence*, v. 31, n. 5-6, p. 225-237, 1983.

FOMBONNE, E. et al. Étude d'une cohorte d'adolescents autistiques et psychotiques traités dans 11 équipes psychiatriques française. Poster au Congrès IACAPA. Kyoto, Japon, 1990.

FORDHAM, M. Contribution à une théorie de l'autisme infantile. *La Psychiatrie de l'Enfant*, v. 8, n. 1, p. 135-161, 1965.

FORDHAM, M. *The self and autism.* Londres: Heinemann, 1965.

FORDHAM, M. Notes on the psychotherapy of infantile autism. *Brit. J. Med. Psychol.*, 39. 1966.

FOSTER, O.; JERUSALINSKY, A. N. Autismo infantil: aspectos neurológicos. *1º Congresso Mundial del Niño Aislado.* Buenos Aires, 1980. (mimeo)

FRAIBERG, S. Pathological defenses in infancy. *Psychoanal. Q.*, 51, p. 621-635, 1982.

FREUD, S. (1911). Formulações sobre os dois princípios do funcionamento mental. *Edição Standard Brasileira das Obras Psicológicas Completas.* Rio de Janeiro: Imago, 1981. v. 12.

FRITH, U. et al. Does the autistic child have a theory of mind? *Cognition*, 21, p. 37-46, 1985.

FURNEAUX, B.; ROBERTS, B. *Autistic children.* Londres: Routledge, 1977.

_____. *El niño autista.* Buenos Aires: El Ateneo, 1982.

GADDINI, E. On imitation. *Int. J. Psycho-Anal.*, 50, 1969.

GAETNER, R. *Un hôpital de jour pour les enfants psychotiques et autistes.* Paris: Païdos-Centurion, 1990.

GARDZIEL, A. The diagnosis of autistic and psychotic disturbances in children. XI Congrés de l'IACAPAP. Paris, 1986.

GEISSMANN, C., GEISSMANN, P. L'abord familial dans le traitement des psychoses infantiles. *Psychiat. Franç.*, 3, p. 19-26, 1981.

_____.; GEISSMANN, P.; SICARD, T. La psychose infantile. La relation du psychotique et de la psychose avec les soignants au sein de l'hôpital de jour. *Rev. Neuropsychiatrie Infantile*, v. 25, n. 11-12, p. 667-693, 1977.

GEISSMANN, P. Le transfert psychotique. *Documents et débats. Bulletin Intérieur de l'A.P.F.*, 9, p. 29-38, 1973.

_____. L'espace de la dépression. *Nouvelle Rev. Psychanal.*, 9, p. 125-141, 1974.

_____. D'où vient Oedipe? In: *Oedipe et psychanalyse d'aujourd'hui*. Toulouse: Privat, 1978.

_____. et al. Les grands parents de l'enfant psychotique. *Rev. Neuropsychiat. Infantile*, 28, n. 3, p. 89-91, 1980.

GIANNOTTI, A.; De ASTIS, G. Early infantile autism: considerations regarding its psychopathology and the psychotherapeutic precoss. *VII Congrès National de la Société Italienne de Neuropsychiatrie*. Florence, 1978.

GILLIBERT, J. De l'auto-érotisme. Rev. Fr. Psychanal., v. 41, n. 5-6, p. 773-949, 1977.

_____. La mère meurtrière, mortifère et mortifièe dans le mythe de Dyonisos. In: *Mère mortifère, mère meurtrière mère mortifièe*. Paris: E.S.F., 1978.

_____. Lecture du 'Monde de l'autisme'. *Rev. Fr. Psychanal.*, v. 45, n. 2, p. 429-435, 1985.

GOLSE, B.; DEBRA, Y.; RITZEN, P. Autisme de Kanner: études du système H.L.A. et du métabolisme érythrocytaire et plaquettaire de l'oxygène. *J. Psychiat. Bol. et Thérap.*, v. 1, n. 1, p. 39-43, 1981.

GOMBEROFF, M. J.; NOEMI, C. C.; PUALUAN, L. *The autistic object*: its relation with narcissism in the transference and countertransference of neurotic and borderline patients. Congrès International de Psychanalyse de Rome, 1989.

GORI, R. Le langage: de l'espace corporel à l'espace sémantique. Daniel ou les mouches du langage. *Rev. Neuropsychiat. Infantile*, v. 24, n. 9, p. 461-478, 1976.

GRANDIN, T. De l'autisme à la schizophrénie chez l'enfant. *Topique*, 35-36, p. 47-65, 1985.

_____. *Ma vie d'autiste*. Paris: Odile Jacob, s/d.

GRASSER, Y. *La puerta del autismo*. Cinquieme Rencontre Internationale, 1988.

GREEN, A. La mère morte. In: *Narcissisme de vie, narcissisme de mort*. Paris: Minuit, 1983.

GREENE, G. *A sort of life. Londres*: Bodley Head, 1971.

GREENE, J. *Dead man's fall*. Londres: Bodley Head, 1980.

GROTSTEIN, J. S. Primitive mental states. *Contemporary Psycho-Analysis*, 16, p. 479-546, 1980.

_____. Review of Tustin's Autistic states in children. *Int. Review Psychoanal.*, 10, p. 491-498, 1983.

_____. *Psychoanalytic inquiry*. New Jersey: Analytic Press, 1993.

GUÉDENEY, N. Les enfants de parents déprimés. *La Psychiatrie de l'Enfant*, v. 32, n. 1, p. 269-309, 1989.

GUERRA, A. M.; CAMAROTI, C.M. Fragmentos de um discurso. *Bol. Novidades Pulsional*, 75, 1995.

HAAG, G. Racines précocissimes de la détermination sexuelle ou la bisexualité dans la relation orale. *Les textes du Centre Alfred Binet*, 76, p. 69-72, 1983.

_____. Autisme infantile précoce et phénomènes autistiques. Réflexions psychanalytique. *La psychiatrie de l'enfant, v. 27*, n. 2. Paris: Presses Universitaires de France, 1984.

_____. Autisme infantile précoce et phénomènes autistiques. Réflexions psychanalytiques. *Psychiatrie de l'Enfant*, v. 27, n. 2, p. 293-354, 1984.

_____. La mère et le bébé dans les deux moitiés du corps. *Neuropsychiatrie de l'Enfance et de l'Adolescence*, v. 33, n. 2-3. Paris: Expansion Scientifique Française, 1985.

_____. De l'autisme à la schizophrénie chez l'enfant. *Topique*, 35-36, p. 47-66, 1985.

_____. Aspects du transfert concernant l'introjection de l'enveloppe en situation analytique individuelle et groupale, duplication et dédoublement, introjection du double feuillet. (Communication aux Journées de l'APSYG, Bordeaux, 1987). *Gruppo*, 4, p. 71-87, 1988.

_____. Réflexions sur quelques jonctions psychotoniques et psychomotrices dans la première année de la vie. *Neuropsychiatrie de l'Enfance et de l'Adolescence*, v. 36, n. 1, p. 1-8, 1988.

_____. Représentation de la groupalité originaire dans les problématiques adhésives en thérapie familiale psychanalytique. *Gruppo*, 5, p. 85-94, 1989.

_____. Approche psychanalytique de l'autisme et des psychoses de l'enfant. In: MAZET, P; LEBOVICI, S. *Autisme et psychoses de l'enfant*. Paris: Presses Universitaires de France, 1990.

_____. Identifications intracorporelles et capacités de séparation. *Neuropsychiatrie de l'Enfance et de l'Adolescence*, v. 38, n. 4-5, p. 245-248, 1990.

_____. De la sensorialité aux ébauches de pensée chez les enfants autistes. *Rev. Int. Psychopathologie*, 3, p. 51-63, 1991.

_____. Aux sources de la vie. Le langage préverbal et l'émergence des représentations de corps en situation psychanalytique individuelle ou groupale avec des enfants autistes. *Rev. Dialogue*, 123, 1994.

_____.; FERREY, M. C.; SERINGE. H.; URWAND, S. Processus groupales et enveloppes psychiques au travers de psychanalyses groupales avec des enfants psychotiques et déficitaires. In: PRIVAT, P. (Ed.). *Les psychothérapies de groupes d'enfants au regard de la psychanalyse*. Paris: Clancier-Guénaud, 1989.

AUTISMO: CONSTRUÇÕES E DESCONSTRUÇÕES 169

_____.; URWAND, S. Entre objet partiel et objet total. Pré-conditions de la triangulation oedipienne dans les processus groupaux. *Rev. de Psychothérapie Psychanalytique de Groupe*, 20, 1993.

_____.; URWAND, S. Premières identifications et envelope groupale, à partir de groupes analytiques d'enfants autistes et psychotique. *Dialogue: Recherches Cliniques et Sociologiques sur le Couple et la Famille*, 1993.

HADDAD, G. *Manger le livre*. Paris: Grasset, 1984.

HAÏM, A. Les hôpitaux de jour pour enfants et adolescentes. *Rev. Pratique Vie Sociale*, 1, p. 3-19, 1964.

HAMILTON, V. *Narcissus and Oedipus*. Londres: Routledge/Tavistock, 1982.

HERMELIN, B.; O'CONNOR, N. *Psychological experiments with autistic children*. New York: Pergamon, 1970.

HOBSON, P. The autistic child's apprasal of expressions of emotion. *J. Child Psychological and Psychiat.*, 27,p. 321-342, 1985.

HOCHMANN, J. Cordelia ou le silence des sirènes: une relecture de l'autisme infantile de Kanner. In: *Autismes de l'enfance*. Paris: PUF, 1977.

_____. *Pour soigner l'enfant psychotique*. Toulouse: Privat, 1984.

HOUZEL, D. La psychothérapie du très jeune enfant psychotique. In: *Le devenir de la psychose de l'enfant*. Paris: Presses Universitaires de France, 1978.

_____. Le monde tourbillonnaire de l'autisme. *Lieux de l'enfance*. Toulosuse: Privat, 3, p. 169-185, 1985.

_____. Autisme et conflit esthétique. *J. Psychanal. de l'Enfant*, 5, p. 98-116, 1988.

_____.; BASTARD, A. Traitement à domicile en psychiatrie du nourrisson. In: CRAMER, B. (Ed.). *Psychiatrie du bébé*: nouvelle frontières. Paris: Eshel, 1988.

HUMPHREYS, A. Autism research update. *Autism News*, p. 7-9, 1988.

INNES-SMITH, J. Objects in the aethology of adult psychopathology. *Int. J. Psycho-Anal.*, 68, p. 405-413.

JAMES, M. Premature ego development. Some observations on disturbances in the first three months of life. *Int. J. Psycho-Anal.*, 41, 1960.

JERUSALINSKY, A. *Psicanálise e desenvolvimento infantil*. Porto Alegre: Artes Médicas, 1988.

KAES, R. *L'appareil psychique groupal, construction du groupe*. Paris: Dunod, 1976.

_____. Quelques fondements institutionnels de la vie psychique de l'équipe soignante. In: BLÉANDONU, G. (Ed.). *Les groupes thérapeutiques*. Lyon: Césura, 1987.

KANNER, L. Autistic disturbances of affective contact. *Nervous Child*, 2-3, p. 217-230, 1943.

_____. Early infantile austism. *J. Pédiat.*, 25, p. 211-217, 1944.

_____. Irrelevant and metaphorical language in early infantile autism. *Am. F. Psychiat.*, 103, p. 242-246, 1946.

_____. Problems of nosology and psychodynamics of early infantile autism. *Am. F. Orthopsychiat.*, 19, p. 416-426, 1949.

_____. The conception of wholes and parts in early infantile autism. *Am. J. Psychiat.*, 108, p. 23-26, 1951.

_____. Childhood schizophenia. *Am. F. Orthopsychiat.*, 24, p. 526-528, 1954.

_____. The specificity of early infantile autism. *Acta Paedopsychiat.*, v. 25, n. 1-2, p. 108-113, 1958.

_____. Early infantile autism and the schizophrenia. *Behavioral Scien.*, v. 10, n. 4, p. 412-420, 1965.

_____. Infantile autism and the schizophrenias. *Behavorial Scien.*, v. 10, n. 4, p. 412-420, 1965.

_____. Early enfantile autism revisited. *Psychiat. Digest*, 29, p. 17-28, 1968.

_____. Follow-up studies of eleven autistic children originally reported in 1943. *J. Autism and Childhood Psychosis*, 1, p. 119-145, 1971.

_____. *En defensa de las madres*. Buenos Aires: Paidós, 1974.

_____. To what extent is early infantile autism determind by constitutional adequacies? *Childhood Psychosis*, p. 69-75, 1973.

_____.; EISENBERG, L. Notes on the follow-up studies of autistic children. In: HOCH, P. H.; ZUBIN, J. (Eds.). *Psychopathopogy of childhood*. New York: Grune & Stratton, 1955.

————. Early enfantile autism, 1943-1955. *Am. J. Orthopsychiat.*, v. 26, n. 3, p. 556-566, 1956.

_____.; LEISSER, L. Early infantile autism. *Pediatric Clinc of North America*, p. 711-730, 1958.

_____.; RODRIGUEZ, A.; ASHENDEN, B. How far can autistic children in matters of social adaptation? *J. Autism and Childhood Shizophrenia*, v. 2, n. 1, p. 9-33, 1972.

KEAS, R. et al. *L'institution et les institutions. Études psychanalytiques*. Paris: Dunod, 1987.

KESTEMBERG, E. Réflexions à propos des discussions au cours du colloque. *Le devenir de la psychose de l'enfant*. Paris: Presses Universitaires de France, 1978.

KESTEMBERG, J. S. The history of an "autistic" child: clinical data and interpretation. *F. Child Psychiat.*, 3, p. 5-52, 1954.

_____. Institution et psychanalyse. In: *Traitement au long cours des états psychotiques*. Toulouse: Privat, 1974.

KLEIN, M. A importância da formação de símbolos no desenvolvimento do ego. In: *Contribuições à psicanálise*. São Paulo: Mestre Jou, 1930.

_____. On Mahler's autistic and symbiotic phases. *Psychoanal. Contemp. Thought.*, 4, p. 69-105. 1981.

KLEIN, S. Autistic phenomena in neurotic patients. *Int. J. Psycho-Anal.*, 61, 1980.

KOBAYASHI, R. et al. Qu'est-ce qui est important pour que des autistes deviennent à l'âge adulte indépendants ou capables de subvenir à leurs destins? *Nouvelles approches de la santé mentale de la naissance à l'adolescence pour l'enfant et as famille*. Paris: Presses Universitaires de France, 1990.

KOUPERNICK, C. L'autisme infantile. *La Revue du Praticien*, v. 20, n. 23, p. 3465-3476, 1970.

_____. Étranges enfants ou l'autisme infantile. *Con. Med.*, 44, p. 6425-6433, 1974.

_____. *As psicoses infantis*. Lisboa: Garcia e Carvalho, 1978.

_____.; EISENBERG, L. Réflexions sur l'autisme infantile (1943-1969). *Confrontations Psychiatriques*, 3, 1969.

KSENSEE, A. Contribution à la clinique de l'auto-érotisme. Psychothérapie de versant autistique des psychoses infantiles. *Rev. Fr. Psychanal.*, v. 41, n. 5/6, p. 1051-1058, 1977.

KUO-TAI, T. L'autisme infantile en Chine (République Populaire de Chine). *Nouvelles approches de la santé mentale de la naissance à l'adolescence pour l'enfant et as famille*. Paris: Presses Universitaires de France, 1990.

KUPFER, M. C. Psicose e autismo na infância: problemas diagnósticos. *Estilos da Clínica*, v. 4, n. 7, 1999.

_____. *Educação para o futuro*: psicanálise e educação. São Paulo: Escuta, 2001.

LANDA, F. Unheimliche e autismo: da eficácia do segredo. In *O que a clínica do autismo pode ensinar aos psicanalistas*. Salvador: Ágalma, 1991.

LANG, J. L. Premiers résultats d'une enquête portant sur 20 cas d'enfants suspects de schizophrénie. *Rev. Neuropsychiat. Infantile*, 11-12, p. 459-472, 1956.

_____. Organisation de l'assistance à l'er ´ʳnce inadaptée. *Psychiatrie*, 3, 1962.

_____. Externats médico-pédagogique et hôpitaux de jour. *Le Concours Médical*, 87, p. 6361-6375, 1965.

_____. Hospitalisations partielles et équipement extra-hospitalier en psychiatrie infantile. *L'Information Psychiatrique*, v. 44, n. 3, p. 259-265, 1968.

_____. Diagnostic clinique et structural des psychoses chez l'enfant. *Feuillets Médicaux*, 139, p. 1-13, 1968.

_____. Rééducation en externat. *Externat médico-pédagogique, externats psychothérapiques et hôpitaux de jour*. Paris: E.S.F., 1971.

_____. *Aux frontières de la psychose infantile*. Paris: Presses Universitaires de France, 1978.

_____.Prise en charge précoce des enfants inadaptés mentaux em externat. *Psychologie Médicale*, v. 12, n. 7, p. 1503-1509, 1980. HERSENT,

C.; BERTRAND, M. L'EMP de Jouis-en-Josas et son hôpital de jour. Vie collective, p. 652-669, 1966.

_____. et al. De la dualité ou de l'unicité des fonctions et des rôles techniques et administratifs en institution pour enfants. *Neuropsychiatrie de l'Enfance et de l'Adolescence*, v. 31, n. 10, p. 447-459, 1983.

LANGFELDT, J. De quelques psychoses schizophréniques formées dans l'enfance. *Encéphale*, 2, p. 183-201, 1937.

LANOUZIERE, J.; LAINE, T. La relation d'objet chez l'enfant autiste. *Psy. Enf.*, v. 15, n. 2, p. 287-398, 1972.

LARMANDE-VARLER, C. *Le questionnaire E2 de B. Rimland comme moyen d'approche de l'autisme infantile précoce*. Thèse de Médecine, Tours, 1979.

LAX, R. F. La dépression maternelle et "le noyau pourri" chez l'enfant. Un défaut spécifique de la formation du self pendant le sous-stade de rapprochement. In: *L'enfant dans sa famille*. Paris: Presses Universitaires de France, 1984. v. 6.

LAZNIK-PENOT, M. C. L'enfant psychotique est-il lettre volée? *La Psychanalyse de l'Enfant*, 1. Paris: Clims, 1985.

_____. L'enfance des stéréotypies dans la symptomatologie autistique. *Cliniques Méditerranéennes*, p. 13-14. C.I.R.P.C., Université de Provence, Aix-en-Provence, 1987.

_____.Changement de registre dans une cure. *Texte du Centre Alfred Binet*, 18, 1991.

_____. *O que a clínica do autismo pode ensinar aos psicanalistas*. Salvador: Ágalma, 1991.

_____. O patronímico de uma criança como puro traço diferencial (Como romper os charmes maléficos da relação especular ao outro fraterno). In: TEIXEIRA, A. B. R. (Org.). *Desenho: por que não?* Salvador: Ágalma, 1992.

_____. *Vers la parole.* São Paulo: Escuta, 1997.

LEBBOYER, M. *Autismo infantil:* fatos e modelos. Campinas: Papirus, 1987.

LEBOVICI, S. Rapport sur l'hôpital de jour de la Fondation Rothschild. *Publications du Centre Alfred Binet,* 1963.

_____. Trois observations suivies pendant plus de 20 ans. Discussion de l'approche thérapeutique. In: *Le devenir de la psychoses de l'enfant.* Paris: Presses Universitaires de France, 1978.

_____. Le psychanalyste et "la capacité de rêverie de la mère". *Rev. Fr. Psychanal.,* v. 51, n. 5, 1987.

_____. À propos des productions imaginaires de l'enfant: les productions délirantes. *Neuropsychiatrie de l'Enfant et de l'Adolescence,* p. 2-3, 1989.

_____. et al. À propos des calculateurs de calendriers. *La Psychiatrie de l'Enfant,* v. 9, n. 2, 1966.

_____.; KESTEMBERG, E. *Le devenir de la psychose de l'enfant.* Paris: Presses Universitaires de France, 1978.

_____.; SOULÉ, M. *La connaissance de l'enfant par la psychanalyse.* Paris: Presses Universitaires de France, 1970.

LEDOUX, M. H. Conceptions psychanalytiques de la psychose infantile. Paris: Presses Universitaires de France, 1984.

LEFORT, R. R. *O nascimento do outro.* Salvador: Fator, 1984.

_____. Resposta de Rosine e Robert Lefort. *Letra Freudiana.* Rio de Janeiro: Revinter, 1994.

LIMA, S. C. J. O mundo do encontro: Bruno Bettelheim. Considerações acerca do autismo infantil. *Letra Freudiana*. Rio de Janeiro: Revinter, 1995.

LOPARIC, Z. Heidegger and Winnicott. *Natureza Humana*, 1, 1999.

LOPES, G. A. O autismo segundo Leo Kanner. *Letra Freudiana*. Rio de Janeiro: Revinter, 1995.

LUCAS, G.; TALAN, I. *Les hôpitaux de jour en psychiatrie de l'enfant*. Paris: E.S.F., 1973.

LUSTIN, J. J. Objet auto-érotique et fantasme chez l'enfant autiste. *Rev. Fr. Psychanal.*, v. 41, n. 5/6, p. 1081-1092, 1977.

MAHLER, J.; DUPOUX, E. *Naître humain*. Paris: O. Jacob, 1991.

MAHLER, M. On child psychosis and schizophrenia: autistic and symbiotic infantile psychosis. *Psychoanalytic Study of the Child*, 7, p. 284-305, 1952.

_____. On two crucial phases of integration of the sense of identity: separation-individuation and bisexual identity. *F. Am. Psychoanal. Ass.*, 6, p. 131-142, 1957.

_____. Autism and symbiosis. Two extreme disturbances of identity. *Int. J. Psycho-Anal.*, 39, 1958.

_____. Symposium on psychotic object relationships III. Perceptual de-differentiation and psychotic "object relationship". *Int. F. Psycho-Anal.*, 41, p. 548-553, 1960.

_____. On sadness and grief in infancy and chilhood: loss and restoration of the symbiotic love object. *Psychoanal. Study Child*, 16, p. 332-351, 1961.

_____. On early infantile psychosis: the symbiotic and autistic syndromes. *F. Amer Acad. Child Psychiat.*, 4, p. 554-568, 1965.

_____. Symbiose humaine et individuation. *Psychose infantile*. Tome I. Paris: Payot, 1973.

_____. *Psychose infantile*. Paris: Payot, 1977.

_____. *O processo de separação – individuação*. Porto Alegre: Artes Médicas, 1982.

_____. *As psicoses infantis*. Porto Alegre: Artes Médicas, 1983.

_____.; FURER, M. Development of symbiosis, symbiotic psychosis and the nature of separation anxiety: remarks on Weilnd's Paper. *Tin. F. Psycho-Anal.*, 47, p. 559-560, 1966.

_____.; PINE, F.; BERGMAN, A. *La naissance psychologique de l'être humain*. Paris: Payot, 1973.

MALSON, L. *Les enfants sauvages*. Paris: Union Générale, 1964.

MANNONI, M. *Un lieu pour vivre*. Paris: Seuil, 1976.

_____. et al. *Enfance aliénée. L'enfant, la psychose et l'institution*. Paris: Denoël, 1984.

MARCELLI, D. La position autistique. Hypothèses psychopathologiques et ontogénétiques. *Psychiatrie de l'Enfant*, v. 26, n. 1, 1983.

MASSE, F. Le dialogue tonique: vers la différenciation et l'échange avec un enfant autistique de 5 ans. In: *Le devenir de la psychose de l'enfant*. Paris: Presses Universitaires de France.

MASSON, M. G. Aspects théoriques et cliniques systémiques de la transmission intergénérationnelle de la psychopathologie. *Psychanalyse à l'Université*, p. 654-669, 1980.

MAZER, P.; LEBOVICI, S. *Autismo e psicoses da criança*. Porto Alegre: Artes Médicas, 1991.

MAZET, P. Les troubles autistiques précoces dans la psychiatrie du nourrisson. *Perspectives Psychiatriques*, v. 23, n. 4, p. 269-272, 1985.

_____.; STOLERU, S. *Manual de psicopatologia do recém-nascido*. Porto Alegre: Artes Médicas, 1990.

MELTZER, D. Adhesive identification (Transcrição de uma conversa informal com a Sociedade Psicanalítica William Allanson White). *Contemporay Psychoanalysis*, v. 2, n. 3, 1975.

_____. *Les structures sexuelles de la vie psychique*. Paris: Payot, 1976.

_____. *Explorations dans le monde de l'autisme*. Paris: Payot, 1980.

_____.(1974) Identificación adhesiva. In: *Diários clínicos*. Buenos Aires: Lugar, 1990.

_____. et al. *Exploration dans le monde de l'autisme*. Paris: Payot, 1980.

_____.; SABATINI-SCOLMATI, A. La maladie psychotique dans la petite enfance. *Lieux de l'Enfance*, 3, p. 93-110, 1985.

MENDES, D. T. Do Escape... ao Monstro. *Letra Freudiana*. Rio de Janeiro: Revinter, 1995.

MEYER, M. A. The significance of an alteration of name. *J. Psychoanal.*, 9, p. 484-485, 1923.

MISÈS, R. Le concept de psychose chez l'enfant. *L'Évolution Psychiatrique*, 4, p. 741-766, 1966.

_____. Problèmes nosologiques posés par les psychoses de l'enfant. *Psychiatrie de l'Enfant*, v. 11, n. 2, 1968.

_____. Origine et évolution du concept de psychose de l'enfant. *Confrontations Psychiatriques*, 3, p. 9-30, 1969.

_____. Les actions institutionnelles à temps partiel en pratique sectorielle. L'action institutionnelle à temps partiel, son articulation à la pratique de secteur. *L'Information Psychiatrique*, v. 58, n. 9, p. 1107-1124, 1982.

_____. *Les patologies limites de l'enfance*. Paris: Presses Universitaires de France, 1990.

_____.; BARANDE, I. Études clinique des formes précoces intriquant relation psychotique et symptomatologie de type déficitaire. *Psychiatrie de l'enfant*, 1, p. 1-78, 1963.

_____.; FERRARI, P. Les psychoses de l'enfant. Mise au point sur période 1970-1985. *Enc. Méd. Chir. Psychiat.*, 10, p. 37-299, 1985.

MOOR, L. Les échelles d'évaluation II: l'autisme infantile. *Neuropsychiatrie de l'Enfance et de l'Adolescence*, v. 29, n. 7, p. 379-380, 1981.

MORAES, E. *Sade*: a felicidade libertina. Rio de Janeiro: Imago, 1994.

MOREAU DE TOURS, P. *La folie chez l'enfant*. Paris: Baillière, 1888.

NEUTER, P. Corpo, linguagem e linguagem do corpo. *Teor. e Pesq.*, v. 4, n. 1, p. 32-42, 1989.

O'GORMON, G. *The nature of childhood autism*. Londres: Butterworth, 1967.

OGDEN, T. On the concept of an autistic-contiguous position. *Int. J. Psycho-Anal.*, v. 70, n. 1, p. 127-140, 1989.

_____. *The primitive edge of experience*. New Jersey: Aronson, 1989.

_____. *Os sujeitos da psicanálise*. São Paulo: Casa do Psicólogo, 1996.

OLIVEIRA, E. Questões acerca do autismo. *Letra Freudiana*. Rio de Janeiro: Revinter, 1995.

ORNITZ, E. Autismo essencial. *ASANA*, 2, 1981.

ORNITZ, E. M.; RITVO, E. R. The syndrome of autism: a criatical review. *Am. Psychiat. Ass.*, v. 133, n. 6, p. 609-621, 1976.

PAIVA, Z. L. A. Autismo: uma fase inevitável em Margaret Mahler. *Letra Freudiana*. Rio de Janeiro: Revinter, 1995.

PARK, D.; UOUDERIAN, P. Lightand number: ordering principles in the world of the autistic child. *Autism and Schuizofhrenia*, 4, 1974.

PARKS, S. L. The assessment of autistic children: a selective review of available instruments. *J. Autism and Develpmental Disorders*, v. 13, n. 3, p. 225-267, 1983.

PARQUET, P. J.; BURSZTEJN, C.; GOLSE, B. *Soigner, éduquer l'enfant autiste?* Paris: Masson, 1990.

PENOT, B. Présence de la famille dans l'institution psychothérapique pour adolescents. BLÉANDONU, G. (Ed.). *Les groupes thérapeutiques*. Lyon: Césura, 1987.

PIGGOTT, L. R. Overview of selectd basic research in autism. *J. Autism and Developmental Disorders*, 9, 1979.

POHIER, J. Filiation, nomination, légitimité. *Confrontation*, 11, p. 87-94, 1984.

POMMIER, G. *La clinique de l'autisme*: son enseignement psychanalytique. Paris: Point Hors Ligne, 1993.

PRESME, N. *La dépression maternelle est-elle un facteur de risque des psychoses infantiles précoces?* Thèse de Médecine, Reims, 1990.

PRIZANT, B. M. Analysis of functions of delayed echolalia in autistic children. *J. Speech and Hearing Research*, 27, p. 183-192, 1984.

RIBAS, D. *Un cri obscur, l'énigme des enfants autistes*. Calmann-Lévy, 1992.

_____.; PERRON, R. *Austismes de l'enfance*. Paris: PUF, 1997.

RICKS, D. M.; WING, L. Language, comunication and the use of symbols in normal and autistic children. J. *Autism and Childhood Schizophrenia*, v. 5, n. 3, p. 191-221, 1975.

RIMBAUD, B. Infantile autism. New York: Appeton Century Crofts, 1964.

_____. Infantile autism. *Brit. Med. J.*, 10/9, 1966.

RITVO, E. R. Recherches récents sur le syndrome de l'autisme. *Les Conceptions Récentes dans le Diagnostic et le Traitement de L'Autisme, Journée d'Etude*. Bruxelles, 1985.

RIVIÉRE, P.; BRACONNIER, A.; DUCHÉ, D. J. Évolution des psychoses infantiles et précoces, études rétrospectives. *Neuropsychiatrie de l'Enfance et de l'Adolescence*, 3, 1980.

ROBERTIE, J. Langue maternelle et inconscient. In: Mère, mort, parole. *Lettres de Eécole Freudienne*, 22, 1977.

ROCHA, M. A.; SILVA, B. H. M. Transferência e interpretações. Movimento-ação-palavra. *Bol. Novidades Pulsional*, 75, 1995.

ROCHA, P. Andanças pelos limites da psicanálise: percurso de uma psicanalista. *Bol. Novidades Pulsional*, 75, 1995.

ROCHA, P. S. (Org.). *Autismos*. São Paulo: Escuta, 1977.

RODRIGUES, E. The analysis of a mute schizophrenic. *New Directions in Psycho-Analysis*. Londres: Tavistock, 1955.

ROGE, B. Échelle d'évaluation de l'autisme infantile (CARS). In: COTTRAUX, J.; BOUVARD, M.; LEGERON, P. *Méthodes et échelles d'évaluation des comportements*. Issy-les-Moulineaux, E.A.P., 1985.

ROSENBERG, R. Autismo: histórico e conceito atual. *Temas Sobre o Desenvolvimento*, v. 1, n. 1, 1991.

ROSENFELD, H. Notes on the psychopathology of confusional states in chronic schizophrenia. *Int. J. Psycho-Anal.*, 311, 1950.

ROUDINESCO, E. *História da psicanálise na França*. Rio de Janeiro: Jorge Zahar, 1989.

RUBINFINE, D. L. Maternal stimulation, psychic structure and early object relations. *Psychoanal. Study Child*, 7, 1962.

RUTTER, M. Behavioral and cognitive characteristics. *Early Childhood Autism*. Oxford: Pergamon, 1966.

SAPIR, M. Corps et filiation du tissulaire, filiation de l'imaginaire. *Psychanalyse à l'Université*, p. 672-683, 1980.

SAUVAGE, D. *Autisme du nourrisson et du jeune enfant (0-3 ans). Signes précoces et diagnostic*. Paris: Masson, 1984.

SCHACHTER, M. Évolution et pronostic de l'autisme infantile précoce. *Acta Paedopsychiat.*, 35, 1968.

SENESCHAL, M. A. *Autisme infantile précoce, approche clinique et psychopatologique à partir d'un cas suivi précocement en psychothérapie*. Thèse de doctorat en Médecine. Faculté de Médecine Saint-Antoine, Paris, 1988.

SHAH, A.; HOLMES, N. Brief peport: the use of the leiter international performance scale with autistic children. *J. of Autism and Devel. Dis.*, v. 15, n. 2, p. 195-203, 1985.

SHAPIRO, T.; KAPIT, R. Linguistic negation in autistic and normal children. *J. of Psycholinguistic Research*, v. 7, n. 5, p. 337-351, 1978.

SILBERG, J. L. The development of pronoum stage in the psychotic child. *J. of Autism and Childhood Schizo*, v. 8, n. 4, p. 413-425, 1978.

SILVA, A. R. R. Transferência e repetição na abordagem das psicoses infantis. *Bol. Novidades Pulsional*, 75, 1995.

SILVERMAN, D. K. Some proposed modifications of psychoanalytic theories of early childhood development. Empirical Studies of Psychoanalytic Theories. *J. Analytic Press*, p. 49-71, 1981.

SIQUEIRA, B. O autismo segundo Serge Lebovici. *Letra Freudiana*. Rio de Janeiro: Revinter, 1995.

SOLER, C. Hors discours, autisme et paranoïa. *Le Feuillets Psychanalytiques du Courtil*, 2. Bruxelles, 1990.

SOULÉ, M. La carence de soins maternels dans l'enfance et ses effets cliniques. *Psychiatrie d l'Enfant*, 1, p. 523-540, 1958.

_____. Essai de compréhension de la mère d'un enfant autistique. L'enfant qui venait du froid. In: *Mère mortifère, mère meurtrière, mère mortifiée*. Paris: E.S.F., 1978.

_____. L'enfant que venait du froid. Mécanismes défensifs et processos pathogènes chez la mère de l'enfant autiste. In: *Le devenir de la psychose de l'enfant*. Paris: Presses Universitaires de France, 1978.

_____. et al. *Mère mortifère, mère meurtrière, mère mortifièe*. Paris: E.S.F., 1978.

_____.; HOUZEL, D.; BOLLAERT, S. Les psychoses infantiles précoces et leurs traitement. *Psychiatrie de l'Enfant*, 19, p. 341-397, 1976.

STEFAN, R. D. Autismo e psicose. In: *O que a clínica de autismo pode ensinar aos psicanalistas*. Salvador: Ágalma, 1991.

TAFURI, M. I. *Autismo infantil precoce e nome próprio*: um estudo exploratório, teórico e clínico acerca do sistema de nominação. Dissertação de Mestrado. Brasília: UnB, 1990.

TREMBLAIS-DUPRÉ, T. Adolescents atteints de troubles psychiques (Centre Étienne-Marcel). *Réadaptation*, 1974.

TUSTIN, F. "Anorexia nervosa" in an adolescent girl. *Brit. J. Med. Psych.*, 31, p. 3-4, 1958.

_____. Two drawings occurring in the analysis of a latency child. *J. Child Psychoth.*, v. 1, p. 1, 1963.

_____. A significant element in the development of autism. *J. Child Psychol. and Psychiat.*, 7 (Pergamon: Oxford), 1966.

_____. Psychoterapy with autistic children. *Bulletin Assoc. Psychoth.*, v. 2, n. 3, 1967.

_____. Autistic processes. *J. Child Psychoth.*, v. 2, n. 3, 1969.

_____. *Autismo e psicose infantil.* Rio de Janeiro: Imago, 1976.

_____. Autistic objects. *Int. Review Psychoanal.*, 7, p. 27-38, 1980.

_____. Autistic shapes. *Int. Review Psychoanal.*, 11, p. 279-290, 1984.

_____. *Estados autísticos em crianças.* Rio de Janeiro: Imago, 1984.

_____. Contours autistiques et pathologie adulte. *Topique*, 35-36, p. 9-24, 1985.

_____. Améliorer les états autistique. *Lieux de l'Enfance*, 3, p. 15-34, 1985.

_____. *Autistic barriers in neurotic patients.* Londres, Karnac Books, 1989.

_____. *The protective shell in children and adults.* Londres: Karnac Books, 1990.

_____. *Autisme et protection.* Paris: Seuil, 1992.

_____. A perpetuação de um erro. *Letra Freudiana.* Rio de Janeiro: Revinter, 1995.

_____.; VIDAL, E. Entrevista. *Letra Freudiana*. Rio de Janeiro: Revinter, 1995.

UNGERER, J. A.; SIGMAN, M. Symbolic play and language comprehension in autistic children. *J. Am. Academy of Child Psychiat.*, 20, p. 318-337.

VANECK, L. À propos de la fonction thérapeutique d'un centre pédo--psychiatrique (Equipe de l'hôpital de jour du CEREP). In: *Sauvegarde de l'enfance*, 1968.

_____. *Les hôpitaux de jour et externats psychothérapiques pour enfants*. Toulouse: Privat, 1969.

_____. Les hôpitaux de jour. *Acta Paedopsychiatrica*, 49 (numéro spécial), 1983.

_____. *Les psychoses infantiles et leurs perspectives thérapeutiques. Expériences en hôpital de jour*. Paris: Presses Universitaires de France, 1986.

_____. Le cadre. *J. Psychanal. de l'Enfant*, 2, 1986.

_____. Les hôpital de jour. *L'Information Psychiatrique*, 61 (numéro spécial), 1987.

_____. Psychoses infantiles et institution. Le processus thérapeutique. *Perspectives Psychiatriques*, 8-3, 1987.

_____. (Ed.). *L'enfant psychotique et son évolution*. Lyon: Césura, 1987.

_____. *Hôpital de jour et structures à temps partiel. Neuropsychiatrie de l'Enfance et de l'Adolescence*, 36, p. 8-9, (numéro spécial), 1988.

_____. Perspectives nouvelles dans l'abord institutionnel des psychoses infantiles. *Perspectives Psychiatriques*, 28, p. 69-120, 1989.

_____.Devenir d'enfants psychotiques. *L'Information Psychiatrique*, v. 67, n. 2, p. 119-133, 1991.

VIDAL, E.; VIDAL, V. C. O que o autista nos ensina: considerações sobre a alienação. *Letra Freudiana*. Rio de Janeiro: Revinter, 1995.

VIEIRA, S. R. C. Autismo, uma síndrome patológica particular. *Letra Freudiana*. Rio de Janeiro: Revinter, 1995.

VILLARD, R. *Psychoses et autisme de l'enfant*. Paris: Masson, 1984.

VINHEIRO, V. Autismo e psicose. *Letra Freudiana*. Rio de Janeiro: Revinter, 1995.

VOIZOT, B.; DUCHÉ, D. J. Les parents de l'enfant psychotique. *Confrontations Psychiatriques*, 3, p. 159-181, 1969.

VOLNOVICH, J. *A psicose na criança*. Rio de Janeiro: Relume-Dumará, 1993.

WEILAND, I. H. Considerations on the development of symbiosis, symbiotic psychosis and the nature of separation anxiety. *Int. F. Psycho-Anal.*, 47, p. 1-5, 1966.

WIDNER, C.; TISSOT, R. *Os modos de comunicação do bebê*. São Paulo: Manole, 1987.

WIENER, P. Autisme infantile et symbiose psychotique: un Carrefour d'idées de la réflexion psychanalytique anglo-saxonne. *Rev. Neuropsychiat. Infantile*, v. 20, n. 23, p. 3541-3551, 1978.

WILLIAMS, D. *Si on me touche, je n'existe plus*. Paris: Robert Laffont, 1992.

WING, J. K. (ed.) *Early childhood autism*. Oxford: Pergamon, 1966.

WING, L. Approche clinique et thérapeutique des psychoses autistiques précoces de l'enfant. Le point de vue d'un chercheur. *Rev. Neuropsychiat. Infantile*, 12, p. 803-818, 1975.

AUTISMO: CONSTRUÇÕES E DESCONSTRUÇÕES 187

_____. Differention of retardation and autism from specific communication disorders. *Child Care. Health and Development*, v. 5, n. 1, p. 57-68, 1979.

WINNICOTT, C.; SHEPHERD, R.; DAVIS, M. (Org.) *Explorações psicanalíticas*: D. W. Winnicott. Porto Alegre: Artes Médicas, 1994.

WINNICOTT, D. W. *O brincar e a realidade*. Rio de Janeiro: Imago, 1975.

_____. *Pensando sobre crianças*. Porto Alegre: Artes Médicas, 1997.

Revistas

Enfance aliénée. L'enfant, sa psychose et l'institution. *Recherches*. CERFI, numéros spéciaux de sept. 1969.

Les psychoses infantiles. Numéro spécial de *Confrontations psychiatriques*, 1969, 3.

Les psychoses infantiles. Numéro spécial de *La Revue du Praticien*, 11, sept. 1970.

Psychopathologie de l'adolescence, numéro spécial de *Confrontations psychiatriques*, 7, 1971.

Textes du Colloque de Monaco. *Lieux de l'Enfance*, 3, juillet 1983.

Psicanálise de crianças psicóticas. *Boletim de Novidades Pulsional*, ano 8, nº 75, julho 1995.

O Autismo. Letra Freudiana. Rio de Janeiro: Revinter, 1995. Estilos da Clínica – *Revista sobre Infância com Problemas*. Volume 4-5, nº 7-8. São Paulo: Instituto de Psicologia da USP.

Impresso por :

gráfica e editora

Tel.:11 2769-9056